알기 쉬운

재무관리

Financial Management

개정판 알기 쉬운

재무관리

진태홍 著

새문사

개정판 머리말

재무관리에서 가르치는 내용과 실무의 괴리가 과거에 비해 줄어들고 있다. 예를 들어 자본비용과 가치경영 개념은 기업의 사업구조조정에 응용되고 있다.

재무관리의 이러한 중요성에도 불구하고 학생들에게 재무관리는 상대적으로 어렵고 재미없는 과목들 가운데 하나로 인식되고 있다. 다른 과목에 비해 경제학과 더 밀접하게 연결되어 있고 확률·통계의 기본 지식이 요구된 것이 주요 원인일 수 있지만 기존 교과서들이 학생들에게 꼭 필요한 내용을 넘어서 어려운 내용을 지나치게 방대하게 다루고 있는 것도 원인일 수 있다.

이 책은 이런 문제의식을 바탕으로 재무관리의 핵심 내용을 가능한 한 쉽게 설명하려고 노력하였다. 이 책의 특징은 다음과 같다.

첫째, 재무관리를 배우기 위한 기초 지식이 부족한 학생들이 재무관리의 핵심 내용을 쉽게 이해할 수 있게 하였다.

둘째, 한 학기 강의로 전체 내용을 모두 다룰 수 있게 하였다. 기존 재무관리 교과서들이 다루고 있는 내용들 가운데 재무관리의 핵심에서 벗어나 있어 한 학기 강의에서 다루어지지 않는 내용들은 생략하고 학생들에게 꼭 필요한 부분만을 압축해서 다루었다.

셋째, 학생들이 어려워하는 수학과 관련된 내용, 예를 들어 확률·통계와 관련된 내용을 가능한 한 쉬운 방법으로 기술하려고 노력하였다.

2009년 초판이 발행된 이후 재무관리 관련 전문 용어들의 변화가 있었고 책 내용에서도 몇 가지 오류를 발견할 수 있었다. 이번 개정판은 교과서 내용의 큰 골격은 그대로 유지하면서 이런 수정 사항들을 최대한 반영하였다.

2021년 2월

저자 씀

차 례

4장 주식과 채권의 가치평가

5장 자본예산

6장 위험과 수익률

FINANCIAL MANAGEMENT

1장

서론

1.1 재무관리의 기본과제와 재무관리 경영자의 역할

재무관리 측면에서 기업경영자가 해야 할 과제는 크게 나누어 보면 자금의 조달과 운용이다. 자금의 조달은 사업을 하기 위한 자금을 어떻게 구할 것인가를 결정하는 것이고, 자금의 운용은 조달한 자금을 바탕으로 어떤 종류의 사업을 할 것인가를 결정하는 것이다. 이런 기본과제 외에도 자금의 회수, 결제와 같은 일상적 재무활동도 재무관리 경영자의 주요 과제가 된다. 자금의 조달은 자본구조(capital structure)를 결정하는 것이고, 자금의 운용을 관리하는 과정은 자본예산(capital budgeting)이라고 부른다. 일상적 재무활동의 핵심은 운전자본관리(working capital management)이다. 이하에서는 재무관리의 핵심과제라 할 수 있는 자본구조, 자본예산 그리고 운전자본관리의 주요 내용이 무엇인지를 살펴본다.

자본구조

재무관리 경영자의 장기투자를 위한 자금조달 결정은 회사의 자본구조로 연결된다. 자본구조란 회사 운영을 위한 주요 자금인 부채와 자기자본의 구성 비율을 의미하는데 자본구조를 통해 재무상태표 대변의 구성이 결정된다. 자금조달 결정에서 가장 중요하게 고려되어야 하는 것은 자금조달 비용, 이른바 자본비용(cost of capital)을 최소화하는 것이다. 이를 위해서는 우선 전체 자본에서 부채의 비중을 얼마로 할 것인가를 결정해야하고 그 다음에 부채와 자기자본 각각에 대해서 비용을 최소화하는 조달 방법을 결정해야 한다.

자본예산

자금의 운용은 주로 회사가 조달한 자금을 회사의 지속적 성장을 위한 투자로 연결시키는 것과 관련되어 있다. 회사가 특정 투자안의 채택 여부를 결정하는 행위를 자본예산이라고 한다. 따라서 자본예산은 회사가 가치창조를 통해 지속적으로 성장하는데 있어서 매우 중요한 과정이라고 할 수 있다. 자본예산 관련 의사결정에서는 투자안이 투자에 들어가는 비용 이상의 가치를 창출하는가 여부를 분석해서 투자안의 채택 여부를 결정해야 한다. 이를 위해서는 투자 안으로부터 기대되는 미래 현금흐름의 크기, 시점 그리고 불확실성을 예측하는 것이 필요하다.

운전자본관리

회계상으로 운전자본은 재고와 외상매출금과 같은 유동자산이나 외상매입금, 단기부채와 같은 유동부채를 말한다. 운전자본관리의 기본적 목표는 유동자산에서 유동부채를 차감한 순운전자본을 0보다 크게 유지해서 회사가 단기적 자금부족에 처하지 않게 하는 것이다. 회사가 단기적으로 자금부족에 처하게 되면 수익성이 있는 사업을 하고 있음에도 불구하고 부도가 날 위험이 커지기 때문이다. 다시 말하면 운전자본이 부족할 경우 회사는 흑자도산할 수 있기 때문이다. 따라서 운전자본은 회사가 특정 사업을 하기 위해서 반드시 필요한 자금이다.

회사가 특정 사업을 하기 위해서는 실비투자를 위한 자금뿐만 아니라 제품을 판매하기 위해 재고와 외상매출금을 발생시키는데 필요한 자금도 필요하다. 운전자본 관리와 관련되어 재무관리 경영자가 해결해야할 문제는 적정 현금, 재고자산, 외상매출금 수준의 유지 그리고 단기자금의 조달방법이다.

재무관리 경영자의 역할

지금까지 이야기한 재무관리의 주요 기능인 자본구조 결정, 자본예산 그리고 운전자본관리가 경영자의 입장에서 어떤 순서로 이루어지는지를 간단히 살펴보면 다음과 같다.

우선 경영자는 어떤 사업에 투자할 것인가와 투자자금을 어떻게 조달할 것인가를 결정한다. 일단 투자안이 채택되어 사업이 시작되면 매출이 발생하고 여기서 경영자는 일정한 매출을 최소의 자본투자로 달성할 수 있도록 비유동자산 투자를 효율적으로 해야 할 뿐만 아니라 운전자본도 효율적으로 관리해야 한다. 다음으로 경영자는 매출을 통해 최대한의 영업이익을 얻기 위해 매출원가와 금융비용을 가능한 한 최소화시켜야 한다.

경영자는 창출된 영업이익을 자금을 공급한 채권자와 주주에게 배분한다. 채권자에게는 이자, 주주에게는 배당금을 지급하고 나머지는 사내에 유보시키는데 여기서 경영자가 결정해야할 것은 배당금을 얼마나 지급할 것인가이다. 이렇게 자금조달, 투자, 매출과 영업이익의 창출, 이자와 배당 지급이 단계적으로 이루어지면 경영자는 자본구조를 재조정할 기회를 갖게 된다. 자본구조 재조정의 필요성은 내부유보이익의 크기에 영향을 받는다. 예를 들어 내부유보이익이 충분하지 못하면 차입을 통해 추가로 자금을 조달할 수 있고 이 경우 기업의 부채비율이 높아진다. 자본구조 조정은 또한 기존사업의 확장이나 새로운 사업영역에의 진출에도 영향을 받는다.

예를 들어 기업이 대규모 투자가 필요한 새로운 사업영역을 발굴했다면 유상증자를 통해 자기자본을 늘릴 수 있다. 이러한 과정은 기업이 망하지 않는 한 반복되며 따라서 기업은 계속기업(going concern)의 성격을 갖는다.

1.2 재무관리의 목표 : 주주가치 극대화

앞으로 소개할 재무관리 의사결정 관련 주요 원칙들을 이해하기 위해서는 재무관리 경영자의 목표가 무엇이 되어야 하는지를 이해할 필요가 있다. 기업의 목표로 자주 언급되어 왔던 것은 이익극대화(profit maximization)이다. 이익극대화는 주로 경제학에서 기업이 추구할 목표로 가정되었고 경제학 이론을 전개하는데 있어서는 크게 무리가 없는 가정이었다. 일상적인 대화나 언론에서도 이익극대화는 기업의 목표로 자연스럽게 언급되고 있다.

그러나 재무관리 측면에서 보다 미시적으로 보면 이익극대화는 기업의 정확한 목표가 되기 어렵다. 이익극대화가 기업의 목표로 부적합한 가장 큰 이유로는 어느 시점까지의 이익을 극대화할 것인지를 정의하기 어렵기 때문이다. 앞으로 1년 동안의 이익을 극대화하는 것이 기업의 목표라면 기업은 1년 이후의 지속적 성장을 위해 필요한 비용지출을 포기함으로써 앞으로 1년 동안의 이익을 극대화할 수 있다. 예를 들자면 1년 동안의 비용을 최소화하기 위해 장기적 성장을 위한 핵심 인력을 감원하거나 연구개발비를 삭감하는 것이다. 그러나 기업의 이런 행동은 1년 동안의 이익극대화에 기여할 수는 있지만 장기적 성장을 위해서는 바람직한 것이 아니다.

그렇다면 기업의 바람직한 목표는 무엇인가? 기업의 목표는 자본비용을 초과하는 수익을 낼 수 있는 투자를 지속적으로 수행함으로써 기업가치를 극대화하는 것이어야 한다. 기업가치는 기업이 미래에 얻게 될 현금흐름을 현재가치로 환산한 것이기 때문에 이익극대화 목표가 갖고 있는 기간설정에 따른 문제도 해결할 수 있다.

기업가치는 주주가치와 채권자 가치를 합한 것이다. 채권자의 가치는 어느 정도 고정되어 있기 때문에 재무의사결정에 별로 영향을 받지 않지만 주주가치는 기본적으로 기업이 창출한 가치 중에서 채권자에게 귀속되는 것을 제외하고 남는 잔여가치이기 때문에 재무의사결정에 영향을 받는다. 기업가치 극대화는 주주가치 극대화를 의미하며 이것은 주가 극대화로 표현될 수 있고 재무관리 경영자가 추구해야할 재무관리의 목표는 주주가치를 극대화하는 것이어야 한다.

주주가치 극대화가 재무관리의 목표가 되면 이익극대화가 기업의 목표가 되었을 때 발생하는 기간 설정에 따른 문제도 자연스럽게 해결된다. 예를 들어 단기적 이익을 위해 장기적 이익을 포기하는 재무관리 의사결정은 주식가치를 떨어뜨릴 수 있기 때문에 재무관리 경영자는 단기적 이익과 장기적 비용을 함께 고려해서 주식가치를 극대화하는 방향으로 의사결정을 내려야 한다.

주주가치 극대화를 기업의 목표로 하는데 이의를 제기하는 사람들은 기업의 안정적 성장을 위해서 꼭 필요한 노동자, 부품 공급자, 고객 등 이른바 이해관계자(stakeholder)의 이익이 무시된다는 것을 지적한다. 이들은 주주가치 극대화가 이해관계자의 이익과 상충되기 때문에 기업의 목표가 되는 것이 바람직하지 않다고 주장한다.

그러나 여기서 재무관리 경영자의 목표를 주주가치 극대화로 설정한 것은 이해관계자의 요구 사항이 충분히 만족된다는 것을 전제로 하여서이다. 경영자가 주주가치를 극대화하기 위해 특정 이해관계자를 희생시키는 것은 일시적으로 주주가치 극대화에 기여할 수 있지만 결국 주주가치를 감소시킨다는 점에서 주주가치 극대화 목표에는 묵시적으로 이해관계자의 요구사항을 충분히 만족시키는 것이 포함되어 있다고 볼 수 있다.

1.3 대리인문제와 이해관계자

주식가치 극대화는 재무관리 경영자가 추구해야할 합리적인 목표이지만 모든 기업의 경영자가 항상 이런 목표를 추구하는 것은 아니다. 특히 소유와 경영이 분리된 기업의 경우 소유 경영자가 아닌 전문경영자가 실질적으로 기업을 경영함에 따라 경영자와 주주 사이의 대리인문제(agency problem)로 경영자가 주식가치 극대화라는 기업의 목표를 충실하게 추구하지 않을 수 있다. 전문경영자가 자기 이익을 추구하는 의사결정을 통해 주주가치를 침해할 수 있는 것이다.

이런 현상은 지배주주가 실질적으로 경영자로 기업경영에 참여하고 있는 우리나라 기업보다는 오랜 동안 증권시장을 통한 자금조달로 소유가 광범위하게 분산된 영국과 미국 기업에서 더 흔하다. 하지만 대리인 문제가 발생할 수 있는 구조를 가진 현대 기업은 여러 가지 제도적 장치를 통해 경영자의 목표를 주주가치 극대화로 유도하고 있다. 우선 경영자의 주주가치 극대화 경영을 유도하는 여러 가시 인센티브 시스템이 빌달했다. 경영자 보상이 주식가치와 연계될 수 있다. 자기 회사 주식을 미래 일정

시점에 미리 정해 놓은 가격으로 살 수 있는 권리를 제공하는 스톡옵션이 대표적인 예이다. 이때 스톡옵션을 받은 경영자는 일정 기간 동안 주주가치 극대화 목표를 성실하게 추구해야만 보상을 받을 수 있다.

주주와 전문경영자 사이의 대리인문제를 해결할 수 있는 또 하나의 방법은 적대적 매수합병이다. 경영자의 자기 이익 추구로 잘못된 투자의사결정이 이루어지거나 제대로 된 투자에서도 비효율적 경영이 계속되어 기업의 주가가 낮아지면 기업은 적대적 매수합병의 대상이 되고 경영자는 경영권을 빼앗기게 된다. 따라서 경영자는 자기가 경영하는 기업이 적대적 매수합병의 대상이 되지 않도록 자기 이익보다는 주주가치를 우선하는 경영을 해야 한다.

마지막으로 소액주주와 기관투자자의 주주행동주의도 대리인문제를 해결할 수 있다. 주식시장에서 직접투자보다는 기관투자자를 통한 간접투자의 비중이 증가하면서 기관투자자는 상장기업의 주요 주주로 떠오르고 있고 자기가 소유한 지분을 바탕으로 주주총회에 안건을 제안하거나 불합리한 투자결정과 같은 기업의 주요 정책에 반대의사를 표시할 수 있게 되었다. 따라서 경영자가 대리인문제로 기업 경영을 잘못하면 기관투자자는 궁극적으로 경영자에게 부실경영의 책임을 물을 수 있게 되었다. 이때 주주행동주의는 경영자로 하여금 주주가치 극대화에 초점을 맞추어서 경영을 하게 만드는 장치가 될 수 있다.

1.4 금융시장과 재무관리

재무관리의 주요 기능 가운데 하나가 자금의 조달인 것을 감안한다면 재무관리는 금융시장과 밀접한 관계를 갖고 있다. 재무담당 임원은 기업이 필요로 하는 자금을 금융시장을 통해 최대한 낮은 비용으로 조달해야

하고 여유자금이 생기면 시장을 통해 효율적으로 운용해야 한다.

금융시장이 수행하는 주요 역할은 자금이 남는 곳으로부터 모자라는 곳으로 원활하게 흘러가게 하는 것이다. 자금이 남는 곳은 주로 가계이고 자금이 모자라는 곳은 주로 기업인 것을 감안하면 금융시장의 역할은 가계로부터 기업으로 자금이 효율적으로 흘러가게 하는 것이다. 따라서 잘 발달된 금융시장의 존재는 효율적 재무관리와 이를 통한 기업 성장에 필수적이다.

기업과 금융시장은 자금의 순환을 통해 서로 밀접하게 연결되어 있다. 기업이 금융시장으로부터 자금을 조달하면 조달된 자금은 궁극적으로 금융시장으로 되돌아간다. 기업은 자금을 조달하기 위해 주식이나 회사채를 발행하거나 금융기관으로부터 차입한다. 주식이나 회사채 발행을 통한 자금조달을 직접금융이라고 하고 금융기관을 통한 차입을 간접금융이라고 한다. 기업이 조달한 자금은 유동자산이나 비유동자산에 투입되고 이를 바탕으로 현금흐름이 창출된다. 창출된 현금흐름 가운데 일부는 법인세로 지불되고 법인세를 지불하고 남은 자금 가운데 일부는 재투자되며 나머지는 채권자와 주주에게 지급되어 궁극적으로 금융시장으로 되돌아간다.

금융시장 가운데 직접금융을 담당하는 증권시장은 발행시장과 유통시장으로 구분된다. 발행시장은 기업이 필요로 하는 자금을 직접 조달하는 시장을 말하는데 기업은 증권회사의 도움으로 채권이나 주식과 같은 유가증권을 발행해서 투자자로부터 직접 자금을 조달한다. 그리고 유통시장은 발행시장을 거쳐서 이미 발행된 유가증권이 투자자들 사이에 매매되는 시장을 말한다. 발행시장과 유통시장은 서로 밀접하게 연결되어 있다. 발행시장이 제대로 발달되어 있지 않으면 새로운 유가증권이 공급되지 않아 유통시장이 활성화될 수 없고, 유통시장이 침체되어 있으면 발행시장을 통한 유가증권 공급이 제대로 이루어질 수 없다.

사례

미국 스톡옵션의 시대는 갔다 : IBM, '스톡옵션 안준다' 선언

미국의 주요 기업들은 20여 년간 이사회 멤버들에게 스톡옵션을 성과급으로 부여해왔다. 큰 비용을 들이지 않고 충분한 성과급을 줄 수 있는데다, 주주와 이사진의 이익을 충족시킬 수 있다는 점에서 각광을 받았다. 그러나 최근 백데이팅 스캔들 등으로 스톡옵션이 집중 비난을 받게 되자 기업들도 마음을 바꾸고 있다.

월스트리트저널(WSJ)은 21일 IBM의 결단을 계기로 스톡옵션을 부여하는 기업수가 급감할 전망이라고 보도했다. IBM은 내년부터 사외이사들에게 더 이상 스톡옵션을 부여하지 않겠다고 선언했다. 일정 가격에 자사주를 매입할 수 있는 권리를 주는 대신 20만 달러 규모의 주식을 줄 방침을 굳혔다. 이에 앞서 의류업체인 갭과 인력채용회사인 하이드릭 앤 스트러글스 인터내셔널, 식품업체 타이슨 푸드 등이 최근 몇 년간 지속적으로 스톡옵션을 줄이고 있다.

머서 휴먼 리소스 컨설팅의 조사에 따르면 2001년에는 350개 주요기업 중 약 80%가 이사들에게 스톡옵션을 부여했다. 그러나 지난해에는 53% 급감했으며 향후 더 빠른 속도로 줄어들 것으로 보인다. 웨인버스 기업지배구조 센터의 찰스 엘슨은 "이제 각 기업의 이사들은 스톡옵션이 다소 문제 있는 제도라고 생각하게 됐다"며 "스톡옵션을 주는 주요 기업의 비중은 2010년에 10%까지 급감할 것"으로 전망했다. 월 스트리트 저널은 특히 IBM은 주요한 기업행위에 있어서 선구자 역할을 하는 기업으로 명성이 높아, 조만간 타 주요 기업들의 IBM의 결정에 동참할 가능성이 높다고 평가했다.

스톡옵션 제도는 엔론과 월드콤의 회계부정 등 기업 스캔들로 인해 격렬한 비난을 받게 됐고, 이사 성과급의 비용과 내용을 구체적으로 보고하는 방향으로 회계법 등이 개정되면서 그 매력이 크게 줄었다. 더군다나 최근에는 스톡옵션의 기준 일을 주가가 낮은 날로 소급 적용하는 백데이팅 혐의로 무려 130개 기업들이 당국의 조사를 받게 되면서 다시 한번 주목받고 있다. 지난주 발표된 학계의 한 보고서는 미국 160여개 주요기업의 이사 1,400명이 문제의 여지가 있는 스톡옵션을 받았다고 주장하기도 했다.

백데이팅 스캔들로 인해 스톡옵션이 주주가치를 낮추는 요인으로 작용했다는 분석 역시 기업들의 탈 스톡옵션을 가속화할 것으로 보인다. 마이애미대학의 제나로 버닐 교수팀에 따르면, 백데이팅 스캔들에 연루된 기업의 주주들은 주가 하락으로 인해 최소 1,000억 달러의 피해를 입은 것으로 분석됐다.

(이데일리, 2006년 12월 21일)

상장사의 '주주 중시 경영'

상장사들이 주주를 중시하고 경영권을 방어하기 위한 경영을 하고 있는 것으로 나타났다. 한국상장회사 협의회는 2일 2002년부터 2008년까지 상장사의 정관 기재유형을 조사한 결과, 중간·분기 배당제도를 도입한 상장사는 2002년 116개사(17.5%)에서 2003년 167개사(24.5%), 2005년 209개사(31.4%), 2007년 239개사(35.2%), 2008년 261개사(37.8%)로 늘어났다고 밝혔다.

주식가치를 높이기 위해 이익소각을 이사회 결의로 가능하도록 정관을 정비한 회사도 2002년 336개사(50.6%)에서 올해에는 524개사(75.8%)로 늘어났다. 배당이나 이익소각은 주주 중시 경영의 대표적인 수단으로 꼽힌다. 또 적대적 인수·합병(M&A)에 대비해 이사의 선임·해임에 있어 의결 정족수를 강화하는 최다수 결의제를 정관에 규정한 회사도 2003년 2개사(0.3%)에서 올해 38개사(5.6%)로 증가했다. 황금낙하산제도를 도입한 회사도 2005년 3개사(1.5%)에서 2008년 15개사(2.2%)로 늘었으며 시차임기제와 이사의 자격에 관한 규정을 도입한 상장사도 2008년 각각 20개사(2.9%), 10개사(1.4%)에 달했다.

황금낙하산제도란 기업의 인수로 경영진이 임기 전에 사임하게 될 경우 거액의 퇴직금이나 잔여임기 동안의 보수와 보너스를 지급하도록 하는 것으로, M&A방어수단 중 하나다. 시차임기제는 적대적 M&A를 시도한 자가 경영권 인수에 필요한 지분을 취득했다 해도 일시에 이사를 모두 교체해 기업지배권을 획득할 수 없도록 이사의 임기를 분산시키는 것이다. (세계일보, 2008년 9월 2일)

CFO의 역할 변화

100유로 제품을 팔아 3유로를 남기는 A기업. 이 기업은 글로벌 매출이 늘어나면서 워런티(품질보증) 비용도 덩달아 늘어났다. 심한 경우는 나사 하나 갈아주는 데 1.25유로가 들어간 적도 있다. 매출이 늘어나다 보니 영업부서의 목소리가 커졌다. 고객을 중시한다는 명분에 따라 애프터서비스를 강화한 결과였다. 그러나 시간이 갈수록 회사 전체 씀씀이가 커졌다. 결국 이 기업은 후속 제품에서 나사를 없애는 디자인을 도입해 비용 증가를 막았다.

이런 디자인을 제안하고 밀어 붙인 사람은 다름 아닌 이 기업의 최고재무책임자(CFO). 서비스 비용을 줄이기 위해 CFO 자신이 제품 제조에서 판매까지 비용요소를 면밀히 조사한 결과 도달한 결론이었다.

경쟁력 있는 제품을 디자인하는 것은 제품 개발자의 영역이다. 그러나 A기업은 CFO 가 비용요소를 찾아서 제품 개선에 반영한 사례다.

전통적인 CFO 역할에 변화의 바람이 불고 있다. 과거 '장부기록자'의 소극적 역할이 아닌 각 기업의 모든 업무 영역에 간여하는 '적극적 역할자'로 변신한 것이다.

이 같은 내용은 지난주 액센츄어가 주최하고 매일경제신문사가 후원한 'CFO 라운드 테이블'에서 집중적으로 조명됐다. 참석한 전문가들은 글로벌 경쟁력 확보를 위해 기업 내 CFO 역할이 매우 중요하다는 데 공감했다.

이날 발제에 나선 장 로렌 액센츄어 파트너는 "7개국 170여 개 주요 글로벌 기업을 대상으로 벌인 조사에서 70%의 기업이 재무경영을 통해 높은 성과를 내고 있다. 이 같은 배경에는 제2의 CEO(Deputy CEO)라고 할 수 있는 CFO가 업무의 중심에 있기 때문"이라고 말했다.

CFO가 기업의 전체 비용 흐름을 가장 잘 볼 수 있는 위치에 있기 때문에 CFO를 통한 경영혁신이 이뤄지고 있다는 설명이다.

이에 따라 CFO에게는 재무분석은 기본이고 마케팅·영업 인프라스트럭처 활용을 통한 수익 창출 능력, 고객관계·공급체인망에 대한 이해력, 구매·연구개발(R&D)·글로벌 운영에서 비용을 줄일 수 있는 능력이 요구되고 있다는 것이다.

B기업의 경우는 CFO가 나서서 협력업체의 원가구조를 합리화하는 프로그램을 고안 했다. CFO가 직접 협력업체를 방문해 문제점을 찾아낸 결과였다. 협력업체의 납품 단가를 낮추는 데 성공함으로써 B사의 원가부담은 크게 경감됐다. 이때 CFO는 협력업체의 영업이익을 보장해주겠다고 사전에 선언함으로써 협력업체의 적극적인 협조를 끌어냈다는 후문이다.

CFO의 영역은 R&D 분야까지 확산되고 있다.

C사는 연구개발 인력을 효율적으로 운영해 R&D 인건비를 12% 절감할 수 있었다. 이 회사의 CFO는 연구개발 인력의 기술 능력을 파악하고 프로젝트에 따라 부족·과잉 인력의 균형을 잡을 수 있도록 인력을 매트릭스(matrix) 구조로 배치했다. 또 업적이 나올 때마다 결과물의 재무평가를 통해 R&D의 수익성을 측정했다. 이를 통해 C사는 수익성이 떨어지는 미국 내 연구소는 폐쇄했으며 영국에 있는 한 연구소는 구조조정에 들어갔다. R&D의 세부적인 비용구조는 누구도 통제할 수 없다는 기존의 관념을 깬 것이다. (2006년 4월 25일 매일경제)

1 재무관리의 목표가 이익극대화가 아니고 주주가치 극대화 혹은 자기자본의 시장가치 극대화가 되어야하는 이유를 설명하시오.

2 자본주의 역사가 오래된 영국과 미국기업의 대리인문제는 주로 주주와 전문경영자 사이의 이해상충에서 비롯된다. 영국과 미국에서 이런 대리인 문제가 어떻게 해결되고 있는지를 간단히 설명하시오.
우리나라 기업의 대리인 문제는 영미 기업과는 다른 특징을 갖는다. 우리나라 기업의 대리인문제가 어떤 특징을 갖는지 설명하시오.

3 대리인문제 해결을 위한 보상방법으로 주식과 스톡옵션은 그 효과가 어떻게 차이가 나는지를 설명하시오.

FINANCIAL MANAGEMENT

2장

재무제표와 현금흐름

이번 장에서는 재무제표와 현금흐름에 대해 살펴본다. 여기서 다루어지는 내용은 궁극적으로 자본예산을 비롯한 본서의 나머지 장들의 내용과 연결되기 때문에 재무관리를 배우기 위한 기본적 내용이라고 할 수 있다. 이번 장은 두 가지 기본적인 재무제표인 재무상태표와 손익계산서가 어떻게 작성되고 어떤 정보를 나타내고 있는지를 살펴보고 이러한 재무제표에서 현금흐름을 도출하는 과정을 제시한다. 특히 재무제표로부터 회사가 일정기간 동안 얼마만큼의 현금을 만들어서 어떻게 사용했는가를 파악하는 방법이 중요하다. 재무관리 의사결정에서 중요한 것은 재무제표 자체가 아니라 재무제표로부터 도출된 현금흐름이기 때문이다.

2.1 재무제표

(1) 재무상태표

재무상태표는 일정 시점에서 보았을 때 회사가 어떻게 자금을 조달했고 조달한 자금을 어떻게 운용했는가를 요약해서 보여준다. 회사가 조달한 자금은 자기자본과 타인자본으로 분류되고 재무상태표 대변의 자기자본(shareholders' equity)과 부채(liabilities)는 회사가 어떻게 자금을 조달했는가를 보여준다. 조달한 자금의 운용 결과는 자산(assets)으로 재무상태표 차변에 표시된다.

재무상태표 왼쪽 차변에 표시되는 자산은 유동자산과 비유동자산으로 나누어진다. 비유동자산과 유동자산은 자산의 수명에 따라 분류되는데 비유동자산은 유동자산에 비해 수명이 길다. 보통 수명이 1년 이상인 자산은 비유동자산, 1년 미만인 자산은 유동자산으로 분류된다.

비유동자산은 자산이 구체적인 형태를 갖고 있느냐 여부에 따라 유형자산과 무형자산으로 분류된다. 무형자산이란 구체적 형태가 없는 자산으로 회사가 갖고 있는 지적자산을 말하는데 예를 들면 특허권 같은 것이 다. 유동자산에는 현금, 외상매출금, 재고자산이 있다. 외상매출금과 재고자산은 보통 1년 이내에 현금화할 수 있기 때문에 현금과 함께 유동자산으로 분류된다.

재무상태표 오른쪽 대변에는 부채와 자기자본이 표시된다. 부채는 상환기간에 따라 유동부채와 비유동부채로 분류된다. 유동부채는 1년 이내에 상환되어야할 부채를 말한다. 외상매입금이 대표적인 유동부채이고 회사의 단기차입금도 유동부채라고 할 수 있다. 1년 이상의 기간을 두고 상환되어야할 부채는 비유동부채로 분류된다. 회사는 금융기관 차입이나 채권발행을 통해 비유동부채를 이용할 수 있다. 자기자본은 회사가 주주로부터 조달한 자금을 말한다. 〈그림 2-1〉은 재무상태표가 어떻게 구성되어 있는지를 보여준다. 〈그림 2-1〉은 재무상태표의 하나의 예로 홍익주식회사라는 가상회사의 재무상태표이다.

그림 2-1 | **재무상태표**

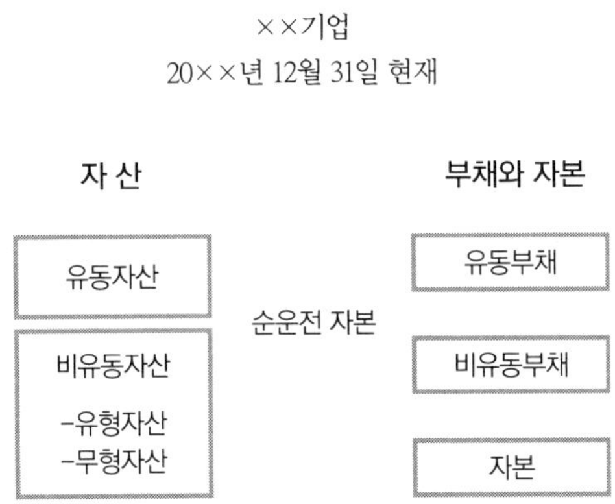

특정 시점에서 보았을 때 조달한 자금과 운용된 자금의 가치는 항상 같아야하기 때문에 재무상태표 차변의 크기는 대변의 크기와 항상 같아야 한다. 이것을 재무상태표 항등식이라고 하고 재무상태표 작성의 기본 원리라고 할 수 있다. 재무상태표 항등식에 따르면 차변에 있는 자산은 항상 대변에 있는 부채와 자기자본의 합과 같아야 한다. 따라서 재무상태표 항등식은 다음과 같은 식으로 표시될 수 있다.

자산 = 부채 + 자기자본

재무상태표 항등식에 의하면 자기자본은 자산에서 부채를 뺀 것과 같다. 앞서 자기자본이 주주로부터 조달한 자금이라고 말했는데 이것은 회사가 보유한 자산에서 부채를 갚고 남은 가치이기도 하다. 그 가치는 주주에게 돌아가기 때문이다.

재무상태표는 재무제표이기 때문에 일정한 회계처리 원칙에 따라 만들어진다. 이른바 일반적으로 인정된 회계원칙(GAAP)이 재무상태표 작성에 적용된다. 재무상태표를 만드는데 적용되는 회계원칙 가운데 가장 중요한 것은 이른바 역사적 원가주의이다. 역사적 원가주의란 자산의 가치를 표시하는데 있어 자산을 구입한 시점의 가치를 적용하는 것을 말한다. 역사적 원가주의에 따르면 회사가 특정 자산을 아주 오래 전에 구입해서 현재가치가 크게 상승했더라도 재무상태표에 기록되는 그 자산의 가치는 구입할 당시의 원가로 기록된다.

이 경우 특정 자산의 장부가치와 시장가치 사이에 큰 차이가 있을 수 있다. 이 원칙에 의하면 우리나라의 경우 회사가 보유한 부동산의 장부가치와 시장가치는 크게 다를 수 있다. 우리나라의 경우 오랜 기간 동안 부동산 가치가 지속적으로 상승한 것을 감안하면 특정 회사가 보유한 특정 부동산의 시장가치는 구입 당시보다 훨씬 클 수 있지만 재무상태표에는 구입했을 당시의 가격으로 기록되기 때문에 시장가치보다 아주 낮게 기록될 수 있다.

역사적 원가주의로 기록된 재무상태표는 자산, 부채 그리고 자기자본의 장부가치를 보여주기 때문에 주주가치 극대화를 목표로 하는 재무관리 경영자는 목표 달성을 위해 재무상태표에만 의존할 수 없다. 예를 들어 재무상태표의 자산은 회사의 시장가치와 관련이 없을 수 있고 재무상태표에 기록된 자기자본은 주주가치와 관련이 없다. 따라서 재무관리 경영자가 중요한 의사결정을 내릴 때에는 재무상태표의 장부가치를 시장가치로 바꿀 필요가 있다.

순운전자본과 부채비율

재무상태표는 일정 시점에서 바라본 회사의 재무상태를 보여주지만 이런 재무상태를 볼 때 특별히 유의해야할 것들이 몇 가지 있다. 첫 번째는 순운전자본이다. 순운전자본(net working capital)은 유동자산에서 유동부채를 뺀 것으로 단기간 내에 현금화할 수 있는 자산과 현금으로 지급해야할 부채의 차이를 나타낸다. 순운전자본이 많을수록 회사의 자금사정이 좋다고 할 수 있다. 유동자산이 비유동자산에 비해 유동성이 크다는 것을 감안하면 순운전자본은 회사의 유동성을 부분적으로 보여주는 지표로도 이용될 수 있다. 두 번째는 부채비율이다. 부채비율은 재무상태표의 부채를 자기자본으로 나눈 것을 말한다. 나중에 자본구조를 논의하는 장에서 다시 언급되겠지만 회사의 부채비율이 높은 것에는 장점과 단점이 있다. 회사의 부채 사용은 지렛대 효과(leverage effect)가 있어 부채를 적절히 사용하면 자기자본만으로 사업하는 것보다 사업규모와 영업이익을 확대시킬 수 있다. 또한 부채사용은 법인세 절감효과가 있어 회사의 자본비용을 감소시킬 수 있다. 한편 지나친 부채사용은 회사를 재무적 곤경에 빠뜨릴 수 있다. 부채비율이 지나치게 높으면 영업활동측면에서 아무런 문제가 없어도 회사의 재무적 위험이 증가하여 일시적으로 채무를 상환하는데 어려움을 겪어 흑자 도산하는 사태가 발생할 수도 있다.

(2) 손익계산서

손익계산서(income statement)는 일정기간 동안의 회사의 성과를 보여준다. 재무상태표가 일정 시점에서의 재무상태를 보여주는데 반해 손익계산서는 일정 기간 동안의 성과를 보여주기 때문에 손익계산서의 숫자와 재무상태표의 숫자는 본질적으로 다르다. 〈표 2-2〉는 홍익주식회사의 단순화된 손익계산서를 보여주고 있다. 손익계산서는 다음과 같은 이익항목을 구분해서 표시하고 있다.

매출액 – 매출원가 – 감가상각비 = 이자와 법인세 차감 전 순이익(EBIT)

이자와 법인세 차감 전 순이익 – 지급이자 = 법인세 차감 전 순이익

법인세 차감 전 순이익 – 법인세 = 당기순이익

재무상태표와 마찬가지로 손익계산서도 일반적으로 인정된 회계원칙에 의해 작성된다. 이 가운데 가장 중요한 것은 발생주의 원칙이다. 발생주의란 현금의 유입과 상관없이 수익이 발생할 경우 이를 장부에 기록하는 것을 말한다. 이것과 대조되는 원칙으로 현금주의가 있는데 현금주의는 현금이 유입되는 시점을 기준으로 회계 처리하는 것을 말한다.

한편 비용은 수익비용 대응원칙(matching principle)에 의해 실제 현금이 지불된 시점이 아닌 수익과 함께 발생한 시점을 기준으로 기록된다. 예를 들어 제품을 생산해서 외상으로 매출을 올렸을 경우 수익은 판매시점에 인식되고 제품판매와 관련된 비용도 같은 시점에서 인식된다. 손익계산서가 발생주의 원칙에 의해 작성되기 때문에 손익계산서에 나타나 있는 숫자는 일정기간 동안의 현금 유입과 유출을 나타내지 못한다.

손익계산서를 분석하는데 몇 가지 주의해야할 것들이 있다. 가장 중요한 것은 감가상각비가 실제로 현금이 유출되지 않은 비현금항목이라는 것이다. 예를 들어 회사가 5,000만원에 비유동자산을 구입하고 이를 현금으로 지불했다고 하자. 이 회사는 5,000만원의 현금이 유출되었지만 회계상으로는 5,000만원을 전부 비용으로 처리하지 않는다. 비유동자산의 수명이 5년이라고 하면 5,000만원을 5년에 나누어서 비용으로 처리한다. 감가상각이 정액법으로 처리된다면 손익계산서에는 매년 1,000만원의 감가상각비가 발생한 것으로 처리된다.

그러나 매년 발생하는 1,000만원의 감가상각비는 실제 현금의 유출이 아니라 회계적인 숫자일 뿐이다. 이는 수익이 발생할 경우 이에 상응하는 비용을 회계적으로 분배해주는 수익비용대응원칙에 따라 기록된 회계적

인 숫자이다.

손익계산서 분석에서 주의해야 할 또 하나는 손익계산서에 나타나는 비용에 기간 개념이 배제되어 있다는 것이다. 효율적 경영관리를 위해서는 제품 생산에 관련된 비용을 기간의 장단기로 나누는 것이 중요하다. 장기적으로 발행하는 비용을 고정비용, 단기적으로 발행하는 비용을 변동비용으로 나누는 것이 필요하다. 하지만 손익계산서에 기록되는 비용은 생산을 위해 발생한 비용과 판매를 지원하는 비용으로만 구분된다.

2.2 현금흐름

재무관리 의사결정에서는 손익계산서에 표시되는 법인세 차감 전 이익 그리고 당기순이익과 같은 정보는 별로 쓸모가 없다. 이것들은 회계적 자료일 뿐 회사가 일정 기간 동안 만들어낸 현금흐름이 아니기 때문이다. 현금흐름이란 유입된 현금과 유출된 현금의 차이를 말한다. 현금흐름은 여러 가지 재무관리 의사결정에서 사용되지만 특히 투자안을 평가할 때 꼭 필요한 정보이다.

현금흐름은 손익계산서와 재무상태표를 함께 분석해야만 계산될 수 있다. 여기서는 앞서 배운 재무상태표 항등식을 현금흐름 항등식으로 발전시켜서 현금흐름을 구하는 과정을 살펴본다.

자산 ≡ 부채 + 자기자본으로 표시되는 재무상태표 항등식은 다음과 같은 현금흐름 항등식으로 변형될 수 있다.

자산으로부터 얻는 현금흐름 ≡
채권자 현금흐름 + 주주 현금흐름

이 항등식은 자산의 가치가 부채와 자기자본의 가치의 합과 같기 때문에 자산을 운용해서 얻는 현금흐름은 궁극적으로 채권자와 주주에게 돌아간다는 것을 의미한다. 여기서 주의해야할 것은 재무상태표 항등식은 일정 시점에서의 상태를 말하는 것이지만 현금흐름 항등식은 일정기간 동안의 현금흐름을 나타낸다는 것이다. 다시 말해서 재무상태표 항등식은 스톡(stock)을 나타내지만 현금흐름 항등식은 흐름(flow)을 나타낸다.

자산으로부터 얻는 현금흐름은 영업현금흐름(operating cash flow)에서 자본지출과 순운전자본 증가액을 뺀 값이다. 영업현금흐름은 생산과 판매로부터 얻는 현금흐름을 의미한다. 지급이자처럼 자금을 조달하는데 소요되는 비용은 영업과 관련된 비용이 아니기 때문에 영업현금흐름 계산에 반영되지 않지만 법인세는 영업활동과 관련되기 때문에 영업현금흐름 계산에 반영된다. 자본지출은 회계기간 동안 비유동자산에 대한 순지출을 말하는데 비유동자산의 매입에서 비유동자산의 매각을 뺀 금액이라고 할 수 있다. 순운전자본 증가액은 기말 순운전자본에서 기초 순운전자본을 뺀 금액이다.

표 2-1 | 홍익주식회사의 재무상태표

재무상태표

2020년 12월 31일과 2021년 12월 31일

홍익주식회사 (단위 : 백만원)

	2020	2021		2020	2021
자산			부채와 자기자본		
유동자산			유동부채		
현금	100	120	매입채권	230	270
매출채권	450	680	지급어음	190	120
재고자산	550	500	합계	420	390
합계	1,100	1,300			
비유동자산	1,600	1,700	비유동부채		
			장기차입금	410	450
			자기자본		
			자본금과 자본잉여금	670	700
			이익잉여금	1,200	1,460
			합계	1,870	2,160
자산총액	2,700	3,000	부채와 자본 총액	2,700	3,000

표 2-2 | 홍익주식회사의 손익계산서

손익계산서

2021.1.1~2021.12.31

홍익주식회사 (단위 : 백만원)

매출액	1,500
매출원가	700
감가상각비	60
이자와 법인세 차감전 순이익	740
지급이자	40
법인세 차감전 순이익	700
법인세	280
순이익	420
배당금	160
유보이익	260

〈표 2-1〉과 〈표 2-2〉의 재무상태표와 손익계산서를 바탕으로 홍익주식회사의 영업현금흐름, 자본지출 그리고 순운전자본 증가액을 계산해 보자.

(1) 영업현금흐름

영업현금흐름은 영업활동으로부터 창출된 현금흐름을 말하는데 수입에서 비용을 차감한 이자와 법인세 차감전 이익(EBIT)에 감가상각비를 더한 다음 법인세를 차감하여 구할 수 있다. 지급이자는 영업활동과 관련이 없기 때문에 영업현금흐름 계산에서 제외되지만 법인세는 영업활동과 관련된 현금유출이기 때문에 계산에 포함된다. 감가상각비는 실제로 유출되지 않았지만 손익계산서에서 비용으로 처리되기 때문에 더해준다.

영업현금흐름 = 이자와 법인세 차감 전 이익(EBIT) + 감가상각비 − 법인세
= 740 60 280
= 520

(2) 자본지출

자본지출은 기말비유동자산에서 기초비유동자산을 뺀 다음 감가상각비를 더해서 구할 수 있다. 홍익주식회사의 경우 1년 동안 60만큼의 비유동자산의 가치가 감가상각되었다. 따라서 새로운 비유동자산을 구입하지 않았다면 연말의 비유동자산은 1,540이 된다. 그런데 연말 비유동자산은 1,700이므로 1년간 160을 비유동자산 구입에 사용한 것이다.

자본지출 = 기말비유동자산(1,700) − 기초비유동자산(1,600) + 감가상각비(60)
= 160

(3) 순운전자본의 증가

순운전자본의 증가는 기말순운전자자본에서 기초순운전자본을 빼서 구할 수 있다.

순운전자본의 증가 = 기말순운전자본(910) - 기초순운전자본(680)
= 230

지금까지의 계산을 종합하면 자산으로부터 얻을 수 있는 현금흐름은 영업현금흐름(520) - 자본지출(160) - 순운전자본의 증가(230) = 130 이다.

여기서 한 가지 주의해야 할 것은 자산으로부터 얻을 수 있는 현금흐름이 항상 0보다 큰 것은 아니라는 것이다. 자산으로부터 얻을 수 있는 현금흐름은 0보다 작을 수 있다. 자산으로부터 얻는 현금흐름이 0보다 작다는 것은 영업현금흐름보다 자본지출과 순운전자본의 증가의 합이 많다는 것을 의미한다. 이런 현상은 미래 성장을 위해 투자를 많이 하는 기업이나 신제품 판매를 위해 재고와 외상매출금 비중을 크게 하는 기업의 경우 얼마든지 가능한 일이다.

(4) 채권자 현금흐름과 주주 현금흐름

자산으로부터 얻는 현금흐름은 항상 채권자와 주주에게 흘러간 현금흐름과 같아야 한다. 채권자 현금흐름은 채권자에게 지급되는 이자에서 신규로 채권자로부터 차입한 금액을 뺀 것이다. 만약에 회사가 부채의 일부를 상환했다면 이는 채권자에게 지급되는 금액이기 때문에 지급이자에 더해서 채권자 현금흐름을 구할 수 있다. 주주 현금흐름은 배당금에서 신규주식발행금액을 뺀 값이다. 배당금은 손익계산서에 나와 있고 신규

주식발행금액은 재무상태표의 자본금과 자본잉여금의 변동을 통해서 구할 수 있다. 홍익주식회사의 배당금은 160이고 신규주식발행금액은 30이다. 이와 같은 과정을 거치면 채권자 현금흐름은 40 - 40 = 0이고 주주 현금흐름은 160 - 30 = 130이다. 마지막으로 자산으로부터의 현금흐름 130이 채권자 현금흐름 0과 주주 현금흐름 130을 합친 130과 같다는 것을 확인할 수 있다.

예제 2-1 2020년에 상경기업의 매출액은 500억, 매출원가는 200억이었다. 감가상각비는 100억이고 20억원을 이자로 지급했다. 법인세는 40%이고 30억의 배당금이 지급되었다. 상경기업의 영업현금흐름은 얼마인가?

해설 영업현금흐름을 계산하기 위해서는 우선 손익계산서를 작성해야 한다. 상경기업의 손익계산서는 다음과 같다.

상경기업 2020년 손익계산서

매출액	500억
매출원가	200억
감가상각비	100억
이자와 법인세 차감전 순이익	200억
지급이자	20억
법인세 차감전 순이익	180억
법인세	72억
순이익	108억
배당금	30억
유보이익	78억

상경기업의 영업현금흐름은 다음과 같이 계산될 수 있다.

법인세차감전순이익 + 감가상각비 − 법인세 =

200억 +100억 − 72억 = 228억

상경기업의 기초 비유동자산이 400억이고 기말 비유동자산이 650억이라고 하면 자본지출은 다음과 같이 구할 수 있다. 비유동자산이 250억 증가하였지만 감가상각비가 100억이기 때문에 자본지출은 350억이다.

상경기업의 기초 유동자산은 2,000억이었고 유동부채는 1,700억이었으며 기말 유동자산은 2,200억이고 유동부채는 1,700억이라고 하자. 기초 순운전자본은 300억이고 기말 순운전자본은 500억이기 때문에 순운전자본은 200억 증가하였다.

2020년 상경기업의 자산으로부터의 현금흐름은 다음과 같다

영업현금흐름 − 자본지출 − 순운전자본의 증가 =

228억 − 350억 −200억 = − 322억

2020년 상경기업의 자산으로부터의 현금흐름이 0보다 작다는 것은 2020년에 상경기업이 채권자와 주주에게 지급된 금액보다 더 큰 금액을 채권자와 주주로부터 조달했다는 것을 의미한다. 상경기업이 2020년에 채권자로부터 추가로 자금을 조달하지 않았다고 가정하면 채권 현금흐름은 지급이자 - 신규차입 = 20억이다. 채권 현금흐름이 20억이기 때문에 현금흐름 항등식으로부터 주주 현금흐름은 −322억 - 20억 = −342억이다. 손익계산서를 보면 배당금지급이 30억이기 때문에 추가주식발행액은 372억이다.

연습 문제

1 한국기업의 매출액은 1,500만원이고 매출원가는 550만원이다. 감가상각비가 180만원이고 이자비용은 130만원이다. 법인세율이 40%라면 한국기업의 영업현금흐름은 얼마인가?

2 대한기업의 2020년 12월 31일 재무상태표에서 장기차입금은 1,500만원이고 2021년 12월 31일 재무상태표에서 장기차입금은 1,700만원이다. 2021년도 손익계산서에서 이자비용은 60만원이었다. 2021년도 채권자 현금흐름은 얼마인가?

3 국한기업의 2020년 12월 31일 재무상태표에서 자본금과 자본잉여금이 5,000만원이었고 2021년 12월 31일 재무상태표에서는 자본금과 자본잉여금이 7,000만원이었다. 국한기업이 2021년에 800만원을 현금 배당했다면 2021년도 주주 현금흐름은 얼마인가?

4 ABC 회사의 손익계산서와 재무상태표를 보고 아래 물음에 답하시오.

재무상태표

(단위 : 만원)

	2020.12.31	2021.12.31		2020.12.31	2021.12.31
자산			부채와 자본		
유동자산	950	1,000	유동부채	400	600
비유동자산	4,400	4,600	장기차입금	2,400	2,800

손익계산서

(단위 : 만원)

	2021.1.1-2021.12.31
매출액	15,000
매출원가	7,000
감가상각비	1,500
지급이자	300

법인세는 40%라고 가정한다.

1) ABC 회사의 2020년도와 2021년도의 자기자본은 얼마인가?
2) ABC 회사의 2021년도 순운전자본의 변동은 얼마인가?
3) ABC 회사가 2021년도에 비유동자산을 2,000만원 구입했다면 ABC회사가 2021년도에 얼마만큼의 비유동자산을 매각했는가?
4) ABC 회사의 2021년도 자산으로부터의 현금흐름은 얼마인가?

5 가나다 기업의 2021년도 손익계산서로부터 얻은 정보는 다음과 같다.

매출액 = 65억원	매출원가 = 45억원	감가상각비 = 3억원
이자비용 = 7억원	법인세 = 2.5억원	배당금 = 3억원

또한 재무상태표에 의하면 가나다 기업은 2021년도에 2억원의 유상증자를 실시했고 4억원의 장기차입금을 상환하였다.

1) 2021년도 영업현금흐름은 얼마인가?
2) 2021년도 채권자 현금흐름은 얼마인가?
3) 2021년도 주주 현금흐름은 얼마인가?
4) 2021년도에 순운전자본이 2억원 증가했다면 가나다기업은 2021년도에 얼마만큼의 자본지출을 했는가?

FINANCIAL MANAGEMENT

3장

화폐의 시간적 가치

재무관리에 대한 전문지식이 없는 사람이라도 지금 100만원을 받는 것과 1년 후에 100만원을 받는 것 가운데 하나를 선택해야 한다면 누구나 지금 100만원을 받는 것을 선택할 것이다. 지금 100만원이 1년 후 100만원보다 더 가치가 있다고 본능적으로 생각하기 때문이다. 지금 100만원이 1년 후 100만원보다 더 가치가 있다는 것은 화폐의 시간적 가치(time value of money)가 존재한다는 것을 의미한다. 화폐의 시간적 가치는 이자율에 의해 결정된다. 미래에 받게 될 현금을 지금 받게 되면 얼마가 되는지 또는 지금 받는 현금을 미래에 받게 되면 얼마가 되는지는 이자율을 통해 결정된다. 본장에서는 단일 현금의 미래가치와 현재가치, 복수 현금의 미래가치와 현재가치, 그리고 복수 현금의 특수한 경우인 연금의 미래가치와 현재가치를 계산하는 방법을 배운다.

3.1 단일 현금의 미래가치

미래가치란 이자율이 주어졌을 때 일정 기간 동안 투자에서 얻을 수 있는 금액을 말한다. 예를 들어 이자율이 10%일 때 100만원을 은행의 정기

예금에 넣으면 1년 후와 2년 후 각각 얼마를 찾을 수 있을까?

1년 후에는 100만원(1+0.1) = 110만원을 찾을 수 있고 2년 후에는 100만원$(1+0.1)^2$ = 121만원을 찾을 수 있다. 여기서 2년 후에 찾을 수 있는 금액을 보다 상세하게 분석할 필요가 있다. 2년 후 찾는 121만원은 다음 네 가지로 구성되어 있다.

첫째는 원금인 100만원이다. 둘째는 첫해에 받는 이자 10만원이다. 셋째는 두 번째 해에 받는 이자 10만원이다. 넷째는 첫해에 받은 이자 10만원에 대한 1년간의 이자 만원이다. 여기서 주목해야 될 것은 첫해에 받은 이자가 다시 이자를 만들어냈다는 것이고 이렇게 이자에 대해서 이자가 다시 붙는 것을 복리계산(compounding)이라고 한다.

일반적으로 미래가치는 복리이자계산을 통해 이루어진다. 단순이자(simple interest)계산은 복리이자계산과 대조되는 것으로 이자에 대한 이자가 계산되지 않고 원금에 대한 이자만 계산되는 것을 말한다. 단순이자계산을 할 경우 정기적금에 넣은 100만원은 2년 후에 120만원이 된다.

100만원을 정기예금에 넣으면 3년 후에 얼마를 찾을 수 있나. 100만원 $(1+0.1)^3$이다. 지금까지 이야기한 것을 일반화하여 미래가치를 계산하는 식을 표현하면 다음과 같다. 이자율이 r일 때 C원의 t년 후 미래가치는 다음과 같은 일반식으로 표시할 수 있다.

$$FV = C \times (1+r)^t$$

$(1+r)^t$를 미래가치요소(future value factor)라고 부른다. 미래가치는 복리이자로 계산되기 때문에 이자율이 주어졌을 때 기간이 길어질수록 이자가 커지는 효과가 나타난다, 또한 이자율이 낮을 때와 높을 때 원금에 대한 이자액 차이는 이자가 계산되는 기간이 길어질수록 커진다. 이는 〈그림 3-1〉에 나타나 있다.

그림 3-1 | 상이한 기간과 이자율에 대한 1원의 미래가치

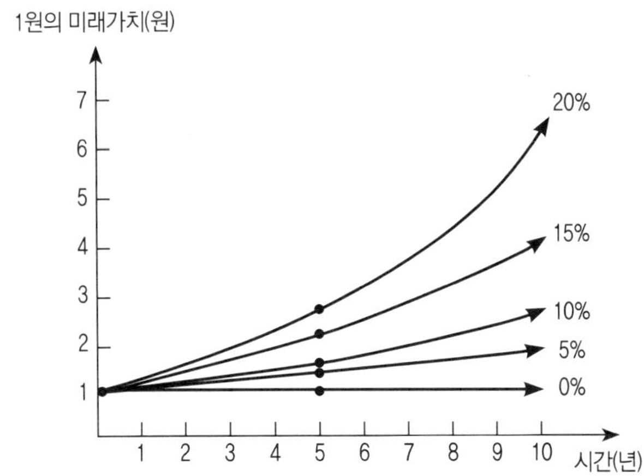

3.2 단일 현금의 현재가치

미래 일정 시점 가치의 현재가치를 계산하는 것은 미래가치를 계산하는 것과 반대로 하면 된다. 이자율이 10%일 때 100만원의 2년 후 미래가치는 100만원×$(1+0.1)^2$ = 121만원이다. 이것을 반대로 말하면 2년 후 121만원은 현재의 100만원이라고 말할 수 있고 이것을 앞의 식으로 바꿔서 표현하면 121만원/$(1+0.1)^2$ = 100만원이고 이것이 미래 일정 시점의 가치를 현재가치로 계산하는 식이다. 일반화하여 표현하면 t년 후에 받을 현금의 현재가치를 일반적으로 표현하면 다음과 같다.

$$PV = C / (1+r)^t$$

이 식에서 알 수 있듯이 현재가치를 미래가치로 바꾸기 위해 복리계산을 하는데 반해 미래가치를 현재가치로 바꾸기 위해서는 할인

(discounting)을 해야 한다. 이 식에서 $1/(1+r)^t$를 현재가치요소(present value factor)라고 한다. 미래가치가 주어졌을 때 현재가치는 미래와 현재 사이의 기간이 길어질수록 감소하고 기간이 아주 길어지면 그 값은 0에 가까워질 것이다. 또한 주어진 기간에 있어서 할인율이 높을수록 현재가치는 감소한다. 다시 말하면 현재가치와 할인율은 역의 관계에 있다. 기간, 할인율 그리고 현재가치 사이의 이러한 관계는 〈그림 3-2〉에 나타나 있다.

그림 3-2 | 상이한 기간과 할인율에 대한 1원의 현재가치

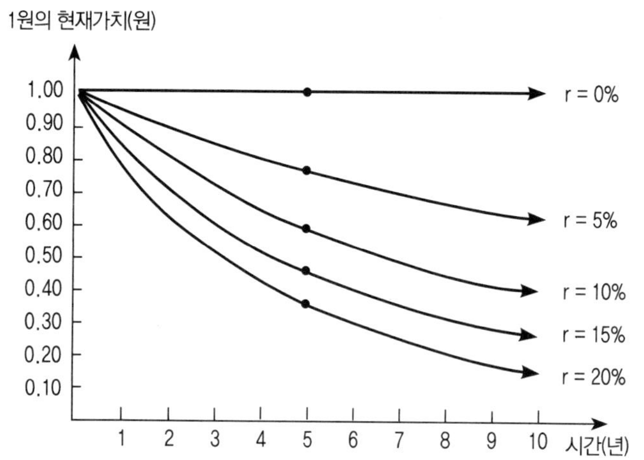

이 식을 이용하면 미래가치가 주어졌을 때 현재가치를 계산할 수 있을 뿐만 아니라 다음과 같은 계산들을 할 수 있다. 첫째, 현재 100만원은 어떤 이자율이 적용되어야 4년 후에 400만원이 되는가? 둘째, 현재 100만원을 투자하여 4년 후 400만원이 발생하는 투자기회가 있다면 이 투자의 수익률은 얼마인가? 셋째 4년 후 400만원은 할인율이 얼마일 때 현재가

치가 100만원이 되는가? 현재 100만원에 대해 이자율이 10%라면 400만원이 되는데 몇 년이 걸리는가?

첫 번째, 두 번째, 세 번째 문제는 모두 $PV = C/(1+r)^t$에 현재가치 100만원, 미래가치 400만원, 그리고 기간 4를 적용한 다음 r을 구하면 된다. 즉 $100만원 = 400만원/(1+r)^4$에서 r을 구하면 된다.

네 번째는 앞의 식에 현재가치 100만원, 미래가치 400만원, 그리고 이자율 10%를 적용한 다음 t를 구하면 된다.

3.3 다수 현금흐름의 미래가치와 현재가치

지금까지는 하나의 현금에 대한 미래가치와 현재가치를 복리계산과 할인을 통해 계산하는 것을 배웠다. 여러 개의 현금으로 구성된 다수 현금흐름의 미래가치는 기본적으로 현금흐름을 구성하는 개별 현금의 미래가치를 구해서 이를 합하면 된다. 다수 현금흐름의 현재가치도 마찬가지이다.

예를 들어 보자. 앞으로 5년 동안 다음과 같이 발생하는 현금흐름이 있다고 하자. 이자율이 10%일 때 이 현금흐름의 5년 후 가치와 현재가치는 얼마일까?

기간	0	1	2	3	4	5
현금흐름		100만	200만	300만	200만	100만

위에서 제시된 현금흐름의 5년 후 가치는

$100만 + 200만(1+0.1) + 300만원(1+0.1)^2 + 200만(1+0.1)^3 + 100만(1+0.1)^4$

$= 10,986,100$ 이고

현재가치는

100만/(1+0.1) + 200만/$(1+0.1)^2$ + 300만/$(1+0.1)^3$ + 200만/$(1+0.1)^4$ + 100만/$(1+0.1)^5$ = 6,802,700 이다.

3.4 연금과 영구연금

연금(annuities)은 다수 현금흐름의 특수한 경우로 현금흐름을 구성하는 현금이 매 기간 같은 것을 말한다. 다시 말하면 연금이란 매 기간 일정한 금액을 일정 기간 동안 받는 것을 말한다. 연금의 현재가치는 다수 현금흐름의 현재가치처럼 현금흐름을 구성하는 개별 현금의 현재가치를 합해서 구하면 되지만 개별 현금이 같기 때문에 등비수열의 합을 구하는 공식을 적용하면 연금의 현재가치는 다음과 같은 공식으로 계산된다.

$$\text{연금의 현재가치} = C \times \left[\frac{1 - \frac{1}{(1+r)^t}}{r} \right]$$

여기서 r은 이자율, C는 매 기간 지급되는 금액, 그리고 t는 기간이다.

두 번째 줄에 있는 괄호 안은 연금현재가치요소(present value factor for annuities)라고 부르고 r과 t가 주어졌을 때 이 값은 부록의 연금 현가요소 표에 나타나 있다. 따라서 r과 t를 알면 직접 계산하지 않고 부록의 연금 현가요소 표에 있는 값을 찾아 이용하면 된다.

연금의 미래가치도 다수 현금흐름의 미래가치처럼 현금흐름을 구성하는 개별현금의 미래가치를 합해서 구하면 되지만 여기서도 개별 현금이 같기 때문에 등비수열의 합을 구하는 공식을 적용하면 연금의 미래가치를 다음과 같이 구할 수 있다.

$$연금의\ 미래가치 = C \times \left[\frac{(1+r)^t - 1}{r} \right]$$

여기서 r은 이자율, C는 매 기간 지급되는 금액, 그리고 t는 기간이다. 두 번째 줄에 있는 괄호 안은 연금미래가치요소(future value factor for annuities)라고 부르고 r과 t가 주어졌을 때 이 값은 부록의 연금미래가치 요소 표에 나타나 있다. 여기서도 연금의 현재가치를 구하는 경우와 마찬가지로 r과 t를 안다면 직접 계산하지 않고 부록의 연금미래가치 표에 있는 값을 찾아 이용하면 된다.

영구연금(perpetuity)이란 영원히 지급되는 연금을 말한다. 다시 말해서 연금에서 기간이 무한대인 것이 영구연금이다. 영구연금의 경우 미래가치는 무한대이기 때문에 그 계산이 의미가 없고 현재가치만이 의미가 있다. 예를 들어 보험에 가입한 사람이 보험금을 아주 오랜 기간 동안(대부분의 경우 사망할 때까지) 연금 형태로 받는 것과 일시불로 받는 것 가운데 하나를 선택할 경우 영구연금의 현재가치를 계산하는 것이 필요하다. 영구연금의 현재가치는 연금의 현재가치를 구하는 공식에서 기간을 무한대로 설정하면 쉽게 구할 수 있다. 앞의 식에서 t를 무한대로 놓으면

$$영구연금의\ 현재가치 = \frac{C}{r}$$

이 된다.

예제 3-1 **연금의 현재가치**

향후 3년 동안 매년 말에 100만원의 보너스를 받기로 되어있다. 보너스를 현재 한꺼번에 받는다면 얼마를 받을 수 있을까? 연 이자율은 6%이다.

해설 기간이 3년, 이자율이 6%일 때 연금현재가치요소(PVFA)가 2.673이기 때문에 구하는 답은 100만원 × PVFA(6%, 3)= 2,673,000원이다.

예제 3-2 **연금의 현재가치**

60세인 사람이 보험회사에 1억원을 지급하고 살아 있는 동안 매년 1,000만원씩 지급받는 연금 상품을 구입할지 여부를 고려하고 있다. 은행 금리가 5%이고 80세까지 살 수 있다고 기대한다면 이 사람은 이 연금 상품을 구입해야 하는가?

해설 연금 상품을 구입한 다음 받게 되는 현금흐름의 현재가치를 연금 상품 구입비용 1억원과 비교해야 한다. 연금 상품을 구매하면 이 사람은 61세 되는 해의 초기부터 총 20번에 걸쳐서 1,000만원씩을 받게 된다. 할인율 5%를 적용해서 현재가치를 구하면

1,000만원 × PVFA(20, 5%) = 1억 2,462만원

이 된다. 따라서 이 사람은 연금 상품에 가입하는 것이 유리하다.

예제 3-3 **연금의 현재가치**

주택을 구입하기 위해 10억원을 차입하는 것을 고려하고 있다. A은행은 연 이

자율 12%로 50개월 동안 매월 상환해야하는 담보대출을 제시했다. B은행은 매월 2,000만원씩 상환하는 50개월 만기 대출을 제시했다. 어느 은행을 선택하는 것이 좋은가?

해설 A은행이 제시한 담보대출의 월 상환액은

10억 = 월상환액 × PVFA(50,1%)

월상환액 = 10억 / 39.196 = 25,512,807

대출기간이 같은 상태에서 B은행의 매월 상환액이 A은행보다 작다. 따라서 B은행을 선택해야 한다.

예제 3-4 연금의 미래가치

향후 3년 동안 매년 말에 1,000만원씩을 저축하려고 한다. 연이자율이 6%라면 3년 후 얼마를 찾을 수 있을까?

해설 연금미래가치 요소를 이용해서 다음과 같이 계산하면 된다.

1,000만원 × FVFA(6%, 3년) =31,836,000

예제 3-5 영구연금의 현재가치

이자율이 10%인 경우 매년 50,000원의 이자가 영원히 지급되는 영구채의 현재가치는 얼마인가?

해설 현재가치 = 50,000/0.1 = 500,000원

3.5 복리계산 횟수와 이자율 : 표시이자율과 실효이자율

복리계산을 얼마나 자주하느냐에 따라 표시된 이자율과 실제 이자율은 다를 수 있다. 여기 표시된 이자율은 표시이자율(quoted interest rate), 실제 이자율은 연 단위로 나타날 경우 실효연이자율(effective annual rate; EAR)이라고 한다. 예를 들어 보자. 연 10%의 이자를 한번만 복리 계산하는 경우 실제로 받는 이자율도 10%이다. 연 10%의 이자를 일년에 두 번 복리계산하는 경우 실제로 받는 이자율은 (1+0.05)(1+0.05) - 1 = 10.25%이다. 여기서 10%를 표시이자율이라고 하고 10.25%를 실효연이자율이라고 한다. 복리계산 횟수가 늘어남에 따라 실효연이자율이 표시이자율보다 커짐을 알 수 있다.

복리계산횟수가 주어졌을 때 실효연이자율과 표시이자율과의 관계는 다음 식으로 나타낼 수 있다.

$$\text{실효연이자율} = (1 + \text{표시이자율} / t)^t - 1, \quad t = \text{연간복리계산횟수}$$

실제로 금융기관이 고객에게 돈을 빌려줄 때 사용하는 연간이자율(annualized percentage rate: APR)은 일종의 표시이자율이다. 예를 들어 신용카드회사가 고객에게 돈을 빌려주고 월 1.25%의 이자를 부과하였다면 신용카드회사 대출의 APR은 1.25%×12 = 15% 이고 고객이 지불하는 실효연이자율(EAR)은 $(1 + 0.0125)^{12} - 1 = 16.08\ \%$이다.

예제 3-6 **표시이자율과 실효이자율**

은행들은 종종 복리계산횟수를 증가시켜 고객들의 자금을 끌어오려는 경쟁을 한다. 경쟁하는 은행들이 제시하는 표시이자율이 같아도 복리계산횟수에 따라 고객이 실제로 받는 실효이자율이 다를 수 있기 때문이다. A은행과 B은행의 표시이자율은 똑같이 10%이다. A은행은 1년에 두 번 복리계산을 한다. B은행은 A은행과 경쟁하기 위해 일 년에 네 번 복리계산을 한다. A은행과 B은행의 실효연이자율은?

해설 A 은행의 실효연이자율 = 10.25

B 은행의 실효연이자율 = $(1 + 0.0125)^4 - 1 = 10.38$

따라서 B은행 고객이 실제로 받는 이자율이 A은행보다 크다.

연습 문제

1 오늘 1,000만원 투자해서 5년 후에 2,000만원을 얻으려면 투자수익률이 매년 얼마가 되어야하는가?

2 가격이 3,000만원인 차를 구입하는데 차 값의 40%는 일시불로 지급하고 나머지는 연 12%로 대출받기로 했다. 매월말 일정액을 36개월 동안 지불하여 대출금을 갚는다면 매월 지불해야하는 금액은 얼마인가?

3 연이자율이 12%일 때 분기별(3개월에 한번씩)로 복리계산이 될 경우 실효이자율이 얼마가 되는가?

4 앞으로 10년간 매년 말에 100만원을 받는 현금흐름의 현재가치는 얼마인가? 연이자율은 6%이다.

5 앞으로 10년 후부터 시작해서 매년 150만원을 영구히 지급하는 현금흐름의 현재가치는 얼마인가?

6 앞으로 20년간 매년 1,500만원을 연금으로 받는 것과 매년 1,000만원을 영구연금으로 받는 것 가운데 어느 것을 선택하는 것이 좋을까? 연이자율은 5%이다.

7 새 차를 구입하였다. 구입비용 6,000만원 가운데 1,200만원을 지금 지급하고 나머지 4,800만원은 48개월 동안 매달 120만원씩 갚는 할부대출로 충당하였다. 이 대출에 대한 APR과 EAR은 얼마인가?

8 다음 두 가지 봉급형태 가운데 하나를 선택하려고 한다. 어느 것이 더 좋은가? 첫 번째는 향후 3년간 매월 300만원씩 지급받는 것이고, 두 번째

는 지금 1,000만원의 계약금을 받고 앞으로 3년간 매월 200만원씩 받는 것이다.

9 가나다씨는 10년 전에 가입한 저축성 보험이 만료되어 보험회사가 제안하는 두 가지 안 가운데 하나를 선택해야 한다. 첫 번째는 지금 2,000만원을 받는 것이다. 두 번째는 앞으로 매년 150만원을 영구히 지급받는 것이다. 현재 이자율이 년 10%라면 가나다 씨는 두 방법 가운데 어떤 것을 선택해야하는가?

10 김홍익씨는 앞으로 2년 후에 현직에서 은퇴할 예정이다. 김홍익씨는 은퇴 후 매월 200만원의 연금을 사망할 때까지 받기로 되어 있다. 연 이자율이 12%라면 김홍익씨가 받게 되어 있는 연금의 현재가치는 얼마인가?

11 은행에서 1억원을 연이율 12%에 차입하였다. 이 대출금을 앞으로 5년간 매년 말에 일정한 금액으로 다 갚는다면 매년 지불해야할 금액은 얼마인가? 이 대출금을 앞으로 5년간 매월 말에 일정한 금액으로 다 갚는다면 매월 지불해야할 금액은 얼마인가?

12 연 12%의 이자율로 1년간 3,000만원을 빌리고 원리금 3,360만원을 12개월 동안 매월 동일한 금액으로 상환하기로 하였다. 이 경우 차입자가 지불하는 실효연이자율은 얼마인가?

FINANCIAL MANAGEMENT

4장

주식과 채권의 가치평가

앞에서 배운 화폐의 시간적 가치는 주식과 채권의 가치를 평가하는데 바로 응용될 수 있다. 주식과 채권은 현금흐름이 미래에 발생하는 유가증권이기 때문이다. 주식과 채권의 가치 평가에 화폐의 시간적 가치가 어떻게 이용될 수 있는가를 배움으로써 독자들은 화폐의 시간적 가치를 더 잘 이해할 수 있다.

4.1 채권의 본질과 가치평가

채권의 가치평가를 이해하기 위해서는 채권이라는 유가증권이 무엇인지를 이해할 필요가 있다. 채권(bond)이란 돈을 빌린 채무자와 빌려준 채권자의 계약 내용을 표시한 증서이다. 이 증서에는 기본적으로 채권의 액면가, 만기, 그리고 쿠폰(coupon)이 표시된다. 채권의 액면가(face value)는 채무자가 만기에 갚아야할 원금을 말한다. 채권 증서에는 언제까지 돈을 빌린다는 것이 명시되어 있으며 이를 채권의 만기(maturity)라고 한다. 쿠폰은 채무자가 채권자에게 만기까지 정기적으로 지급해야할 이자를 말한다. 쿠폰은 이표라고도 부르고 액면에 대한 이표의 비율을 이표이자율이라고 한다. 쿠폰에 대해 주의해야할 것은 이것이 채권이 발행되기 전에 정해지는 확정이자라는 것이다. 나중에 배우게 될 채권의 만기수익율은 채권이 발행된 후 채권 가격이 변동함에 따라 변하는데 반해 쿠폰은 변하지 않는다.

간단한 예를 통해 채권의 가치가 어떻게 평가되는지를 보자. 만기가 1년, 액면가 1,000만원, 그리고 쿠폰이자율이 10%라고 하자. 현재 시장이자율이 10%라면

$$\text{채권의 가치} = 100\text{만원} / (1+0.1) + 1{,}000\text{만원} / (1+0.1) = 1{,}000\text{만원}$$

이다.

이 식은 채권을 통해 미래에 받게 될 현금흐름이 만기까지의 쿠폰과 만기에 지급되는 원금이기 때문에 채권의 가치는 미래의 쿠폰과 원금을 현재가치로 환산한 것임을 보여준다.

이를 일반화 하면

$$\text{채권의 가치} = \text{액면가} / (1+r)^t + \text{쿠폰} \times \left[\frac{1-\frac{1}{(1+r)^t}}{r} \right]$$

여기서 t는 채권의 만기, r은 시장이자율이다.

r은 채권이 평가되는 시점에서의 시장이자율을 말하는데 채권 거래에서는 이를 만기수익율(yield to maturity)이라고 한다. 특정 시점에 채권이 시장에서 거래되면 채권의 가격이 형성되고 형성된 가격은 위의 식을 통해 자동적으로 만기수익률로 나타낼 수 있다. 일반직으로 시장에서 채권을 거래하는 사람들은 채권가격보다는 만기수익률을 통해 거래결과를

나타낸다. 예를 들어 채권딜러들은 채권가격이 오른 경우 채권가격이 올랐다고 말하지 않고 만기수익률이 하락했다고 말한다. 채권이 거래되면 채권의 가격이 결정되고 결정된 채권가격은 만기수익률로 변환되므로 만기수익률이 결국 시장이자율이라고 볼 수 있다.

예제 4-1 **채권의 가치 평가**

홍익기업은 만기가 2년인 채권을 발행하려고 한다. 이 채권의 액면가는 10,000원이고 이표이자율은 16%이다. 이표이자는 매년 4회 분기별로 지급된다. 이 채권의 현재 만기수익률이 16%라면 이 채권의 가격은 얼마인가?

해설 이 채권을 매입한 사람은 1년에 4번씩 2년간 모두 8번의 이자를 받고 2년이 지난 후에 원금 10,000원을 받는다. 연 이자가 1,600원이므로 분기별 이자는 400원이다. 따라서 이 채권의 가치는 다음과 같이 계산될 수 있다.

$$P = 400/(1+0.04) + 400/(1+0.04)^2 + \cdots\cdots +400/(1+0.04)^8 + 10{,}000/(1+0.04)^8 = 10{,}000$$

예제 4-2 **이자율 변화에 따른 채권가격 변화**

어떤 투자가가 앞 예제에서 홍익기업이 발행한 회사채를 10,000원에 매입한 다음 1년 후에 매도하려고 한다. 매도할 때의 만기수익률이 12%라면 이 투자자는 채권을 얼마에 팔 수 있는가?

해설 매도 시점을 기준으로 이 채권에는 매분기 400원씩 4번의 액면이자지급과 만기의 원금지급이 남아있다. 만기수익율이 12%로 하락했기 때문에 분기별로 적용되는 할인율은 3%이다. 따라서 1년 후 이 채권의 가격은 다음과 같이 계산된다.

$$P = 400/(1+0.03) +400/(1+0.03)^2+400/(1+0.03)^3+400/(1+0.03)^4 +10{,}000/(1+0.03)^4$$
$$= 10{,}016.14$$

앞의 예에서는 채권의 액면가와 현재가격이 같았다. 이것은 이표이자율과 시장이자율 즉 만기수익률이 같았기 때문이다. 채권의 현재 가격이 액면가와 같은 채권을 액면채권이라고 부른다. 만기수익률이 10%가 아니라 12%라면 채권의 가격은 1,000만원보다 적게 되고 이런 채권은 채권의 현재가격이 액면가보다 적기 때문에 할인채권(discount bond)이라고 부른다. 만약에 만기수익률이 8%라면 채권의 가격은 1,000만원보다 클 것이다. 이런 채권은 현재 가격이 액면가보다 높기 때문에 할증채권(premium bond)이라고 부른다.

이자율 위험

채권의 가치 평가를 통해 알 수 있는 것은 시장이자율이 변함에 따라 채권의 가치가 달라진다는 것이다. 시장이자율이 상승하면 채권 가격은 하락하고 시장이자율이 하락하면 채권가격은 상승한다. 따라서 채무자가 만기까지 이자와 원금을 상환하지 못하는 부도위험(default risk)이 없다고 하더라도 채권 투자에는 위험이 존재한다. 채권에 투자한 후 시장이자율의 변화로 채권가격이 변화하는 것을 이자율위험(interest risk)이라고 한다. 이러한 위험은 보유한 채권을 만기 이전에 매각했을 때 더 커진다. 채권을 만기까지 보유하고 있으면 시장이자율이 변화하더라도 이표이자와 원금을 정해진 대로 받을 수 있기 때문이다.

이자율위험은 채권의 특성에 따라 그 정도가 달라진다. 다시 말하면 어떤 채권은 다른 채권에 비해 이자율 변화에 더 민감할 수 있고 덜 민감할 수도 있다. 채권의 가격을 나타내는 앞의 식을 보면 시장이자율의 변화가 채권가격의 변화에 미치는 정도는 만기와 액면가에 대한 쿠폰의 상대적 크기에 따라 달라지는데 다음과 같은 두 가지 특징을 갖는다.

첫째, 다른 조건이 동일하다면 만기가 길수록 채권의 이자율 위험이 더 크다. 만기가 길수록 현금흐름에서 상대적 비중이 큰 액면가의 현재가치가 이자율 변화에 더 크게 영향을 받기 때문이다. 예를 들어 시장이자율이 상승하면 30년 만기 채권과 1년 만기 채권 모두 가격이 하락하지만 하락하는 정도는 30년 만기 채권이 훨씬 크다. 1년 만기 채권은 현금흐름에서 비중이 제일 큰 액면가가 1년 뒤에 있기 때문에 이자율 상승에 의해 할인되는 정도가 작지만 30년 만기 채권은 액면가가 30년 뒤에 있기 때문에 이자율이 상승 하면 이것이 대폭으로 할인되기 때문이다.

둘째, 다른 조건이 동일하다면 이표이자율이 낮을수록 채권의 이자율 위험이 더 크다. 쿠폰이자율이 낮으면 채권이자율 변화의 영향을 제일 크게 받는 액면가를 포함한 마지막 기간의 현금흐름이 전체 현금흐름에서 차지하는 상대적 비중이 커지기 때문이다. 예를 들어 보자. A채권과 B채권 모두 만기가 3년이고 액면가는 1,000만원이다. 이표이자율은 A채권이 4% B채권이 8%라 할때 두 채권의 현금흐름은 다음과 같이 나타낼 수 있다.

A	400,000	400,000	10,400,000
B	800,000	800,000	10,800,000

A채권의 마지막 현금흐름 10,400,000이 전체 현금흐름에서 차지하는 비중(92.9%)은 B채권(87.1%)보다 더 크므로 따라서 A채권이 B채권보다 이자율 변화에 더 민감하다.

〈표 4-1〉과 〈그림 4-1〉은 이표금리가 5%로 같지만 만기가 1년인 단기채권과 10년인 장기채권의 가격이 이자율 변화에 따라 어떻게 변화하는지를 나타낸다. 금리가 5%에서 6%로 상승할 경우 장기채권의 하락 폭이 단기채권보다 더 크고, 반대로 금리가 하락할 경우 장기채권의 가격 상승이 단기채권보다 더 큰 것을 알 수 있다. 〈표 4-2〉는 만기가 같더라도 이

표금리가 낮을수록 금리변동에 따라 채권가격의 변화율이 커진다는 것을 보여준다. 금리가 5%에서 6%로 상승할 경우 만기 전에 이자를 전혀 지급하지 않는 제로쿠폰 채권의 가격변동이 이표금리가 5%인 채권보다 더 큰 것을 알 수 있다.

표 4-1 | **만기와 채권가격변동**

이자율	채권가격(액면가 100만원, 표면금리 5%)	
	1년 만기	10년 만기
4%	100.96만원	108.1만원
5%	100만원	100만원
6%	99.06만원	92.6만원

표 4-2 | **이표금리와 채권가격변동**

이자율	채권가격 (액면가 100만 원, 만기 10년)	
	제로쿠폰	5% 쿠폰
5% 6%	61.39만 원 55.84만 원 ↓ (-9.0%)	100만 원 92.6만 원 ↓ (-7.4%)

그림 4-1 | 금리변동에 따른 채권가치의 변화

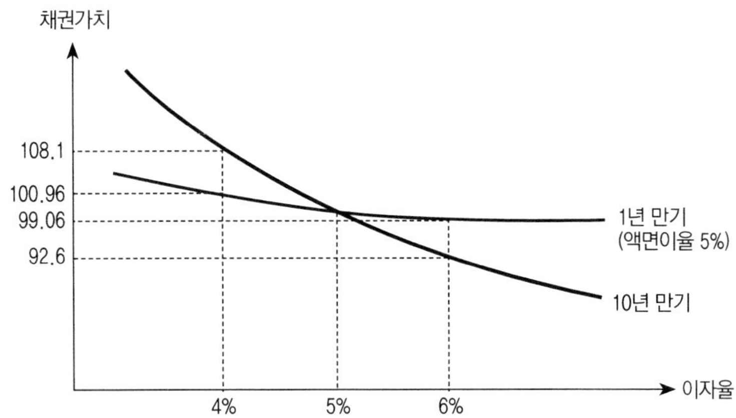

4.2 주식의 가치평가

주식도 채권처럼 미래에 현금흐름이 발생하는 유가증권이지만 채권보다 가치를 평가하는 것이 어렵다. 채권보다 가치평가가 어려운 이유는 다음과 같은 주식의 특징 때문이다.

첫째, 채권은 만기가 있는 반면 주식은 만기가 없다. 주식을 발행한 기업이 망하지 않는 한 주식은 이론적으로 영원히 존재한다. 둘째, 주식으로부터 얻을 수 있는 미래의 현금흐름이 채권에 비해 불확실하다. 채권의 경우 이표이자와 원금이 명확히 정의되어 있지만 주식의 경우 미래에 기대되는 현금흐름은 배당뿐인데 배당도 미리 정해지는 것이 아니라 단지 예상될 뿐이다. 주식회사는 성과가 나빠지면 통상적으로 주주에게 지급했던 배당을 줄이거나 중단할 수도 있다.

이런 어려움에도 불구하고 주식의 가치는 본질적으로 미래에 예상되는 현금흐름의 현재가치이기 때문에 화폐의 시간적 가치 개념을 적용해서 구할 수 있다. 미래에 예상되는 현금흐름의 현재가치로 주식가치를 평가하는 가장 알기 쉬운 방법은 배당성장모형(dividend growth model)이다. 배당성장모형으로 주식가치가 어떻게 평가되는지를 보도록 하자.

어떤 주식을 매입하려고 하는 투자자가 그 주식의 가치가 얼마인지 알기를 원한다. 이 투자자는 다음과 같은 생각을 할 수 있다. 우선 1년 후 그 주식의 가치가 50,000원이 될 것이라고 예상한다. 또한 이 주식을 갖고 있으면 연말에 5,000원의 배당을 받을 것으로 예상한다. 또한 이 투자자는 이 주식에 투자함으로써 10%의 수익을 요구한다. 이런 경우 이 투자자가 주식에 대해 지급할 수 있는 최대금액은 다음과 같은 미래 현금흐름의 현재가치로 계산될 수 있다.

$$현재가치 = (5{,}000 + 50{,}000) / (1+0.1) = 50{,}000$$

따라서 50,000원이 이 주식의 적정가치가 된다. 이런 가치평가를 일반화하여 표현하면 다음과 같다.

$$P_0 = (D_1 + P_1) / (1+r) \qquad (4-1)$$

여기서 P_0는 주식의 현재가치, P_1은 1년 후의 가치, D_1은 배당 그리고 r은 투자자의 요구수익률이다.

여기서 1년 후 주식의 가치 P_1을 2년 후 주식가치와 배당을 할인한 것으로 보면 P_1은 다음과 같이 표현할 수 있다.

$$P_1 = (D_2 + P_2) / (1+r) \qquad (4-2)$$

이 식을 식 (4-1) 에 대입하면 식 (4-2)는 다음과 같이 변형될 수 있다.

$$\begin{aligned} P_0 &= (D_1+P_1) / (1+r) \\ &= D_1 / (1+r) + (D_2 + P_2) / (1+r)^2 \\ &= D_1 / (1+r) + D_2 / (1+r)^2 + P_2 / (1+r)^2 \end{aligned} \quad (4\text{-}3)$$

$P_2 = (D_3+P_3) / (1+r)$을 적용해서 일반화시키면

$$P_0 = D_1 / (1 + r) + D_2/(1+r)^2 + D_3 / (1+r)^3 + \cdots\cdots\cdots \quad (4\text{-}4)$$

식 (4-4)는 주식가치가 미래 배당의 현재가치라는 것을 보여주고 있지만 이것은 앞서 주식가치가 미래 현금흐름의 현재가치라는 것과 동일한 내용을 말하고 있다. 미래 현금흐름을 미래 배당으로 바꾸어 놓았을 뿐이다. 식 (4-4)는 주식가치 평가의 개념이 될 수는 있지만 실제 평가에 유용하게 이용될 수는 없다. 실제로 쓸 수 있는 주식가치 평가식을 만들기 위해서는 배당에 대해 몇 가지 가정을 할 필요가 있다. 우선 배당이 매년 일정한 비율(배당성장율 = g)로 성장한다고 가정하자. 이 가정은 $D_1=D_0(1+g)$, $D_2=D_1(1+g)$, … $D_n=D_{n-1}(1+g)$을 의미하기 때문에 식 (4-4)는 다음과 같이 변형될 수 있다.

$$\begin{aligned} P_0 &= D_0(1+g) / (1+r) + D_0(1+g)^2 / (1+r)^2 + \cdots\cdots \\ &= D_0(1+g) / (r-g) \\ &= D_1 / (r-g) \end{aligned} \quad (4\text{-}5)$$

식 (4-5)는 주식가치가 배당, 배당의 성장률, 그리고 투자자의 요구수익률에 의해 결정된다는 것을 보여주고 있다. 배당이 매년 일정비율로 성장한다고 가정했기 때문에 식 (4-5)를 배당성장모형이라고 부른다.

배당은 기업의 수익성을 나타낸다. 기업의 수익이 클수록 배당도 많이 줄 수 있기 때문이다. 배당의 성장률은 기업의 성장성을 나타낸다. 기업의 미래 성장성이 클수록 배당도 더 많이 늘어나기 때문이다. 투자자의 요구

수익률은 투자자가 바라보는 기업의 위험성을 나타낸다. 나중에 배우겠지만 투자자는 자기가 투자하는 기업의 사업이 위험할수록 높은 수익률을 요구하게 된다.

따라서 지금까지 한 이야기를 종합하면 식 (4-5)는 주식가치가 기업의 수익성, 성장성 그리고 위험에 영향을 받는다는 것을 구체적인 공식으로 표현하고 있어 주식가치를 보는 하나의 유용한 관점이 될 수 있다. 또한 식 (4-5)는 D_1, r, 그리고 g를 정확하게 추정할 수 있다면 실제 주식가치 평가모형으로도 사용될 수 있다.

배당성장모형에 의하면 주가에 영향을 주는 두 가지 요인으로 수익성과 성장성을 들 수 있다. 최근 몇 년 동안 적자를 기록했음에도 불구하고 주가가 상당히 높은 기업도 있을 수 있다. 예를 들면 매년 적자를 보고 있음에도 불구하고 막대한 자본력을 바탕으로 신약을 개발하고 있는 제약회사는 시장에서 신약개발 가능성이 큰 것으로 인식되면 주가는 상당히 높을 수 있다. 비록 수익성은 낮지만 높은 성장성을 갖고 있기 때문이다.

이와 대조적으로 어떤 기업은 높은 수익성에도 불구하고 주가가 일정 수준을 넘어서지 못할 수 있다. 예를 들면 수익성이 높은 식품회사가 시장에서 식품사업의 미래 성장 가능성이 없다고 평가되면 주가는 일정 수준을 넘어서기 어렵다.

식 (4-5)는 요구수익률의 의미가 무엇인지도 말해준다. 식 (4-5)를 r에 대해서 다시 쓰면 다음과 같다.

$$r = D_1 / P_0 + g \qquad (4\text{-}6)$$

여기서 D_1 / P_0는 배당수익률(dividend yield) 이다. 이 식은 투자자의 요구수익률이 단지 배당수익률에 그치지 않고 여기에 일정한 성장이 추가되는 것을 말해주고 있다. 또한 r은 기업의 관점에서 보면 자기자본(equity)의 자본비용(cost of capital)이기 때문에 식 (4-6)은 자기자본(equity)의 자본비용을 추정하는 모형으로도 이용될 수 있다.

예제 4-1 **배당성장모형에 의한 주식가치 평가**

홍익기업은 올해 1,000원의 배당금을 지급했다. 홍익기업의 배당금은 매년 5%씩 지속적으로 성장할 것으로 예상된다. 투자자들의 이 기업에 대한 요구수익률이 10%라면 홍익기업의 주가는 얼마인가?

해설 배당성장모형에 의한 주식가치 평가식을 적용하면 홍익기업의 주가는 다음과 같이 계산된다.

$$P = 1000(1+0.05) / (0.1-0.05) = 20,000$$

마지막 식 (4-5)에서 배당의 성장성이 0이라면, 다시 말해서 기업의 배당이 매년 일정하다면 주식가치는

$$P_0 = D_1 / r$$

로 표현될 수 있다.

배당의 성장성이 없는 주식가치 평가는 우선주 평가에 적용될 수 있다. 성장하는 기업이라 보통주의 배당금은 일정 비율로 증가한다고 볼 수 있지만 우선주 배당은 일정한도 이내로 지급되기 때문이다.

4.3 효율적 시장 가설(The Efficient Market Hypothesis)

주식가치 평가와 관련해서 알아야 할 중요한 개념들 가운데 하나는 효율적 시장가설이다. 효율적 시장이란 가격이 새로운 정보를 즉각적으로 반영하는 시장을 말한다. 주식시장이 효율적이면 특정 주식에 대해 새로운 정보가 생겼을 경우 그 주식의 주가는 바로 정보의 내용을 반영하는 방향으로 움직인다. 주식 시장이 효율적이면 주가가 새로운 정보를 늦게 반영하는 지연반응이나 주가가 새로운 정보의 내용을 과다하게 반영하는 과대반응이 없다. 일반적으로 주식시장의 역사가 오래된 선진국 시장은 효율적 시장에 가깝고, 역사가 짧은 후진국 시장은 비효율적인 것으로 간주된다.

시장의 효율성은 어떤 정보가 시장에 반영되느냐에 따라 약형 효율적 시장(weak form efficient market), 준강형 효율적 시장(semi-strong form efficient market), 그리고 강형 효율적 시장(strong form efficient market)으로 구분될 수 있다.

주식시장이 강형 효율적 시장이면 모든 정보가 주가에 반영되어 있다. 이런 시장에서는 내부정보를 이용하더라고 주식투자로부터 이익을 얻기 어렵다. 내부정보도 이미 주가에 반영되기 때문이다.

주식시장이 준강형 효율적 시장이면 모든 공개된 정보가 주가에 반영되어 있다. 모든 공개된 정보가 이미 주가에 반영되어 있기 때문에 재무제표 등을 통해 과다평가 혹은 과소평가된 주식을 찾는 것이 의미가 없다. 주식시장이 준강형 효율적 시장이면 주식의 근본적 가치(fundamental value)를 바탕으로 주식투자에서 이익을 얻으려는 증권분석가의 노력도 의미가 없게 된다.

주식시장이 약형 효율적 시장이면 과거의 가격이 주가에 반영되어 있다. 따라서 과거의 주가 변화를 근거로 주식투자에서 이익을 얻으려는 노력이 의미가 없게 된다. 차트 분석을 바탕으로 주가변화의 패턴을 분석하는 이른바 기술적 분석(technical analysis)이 의미가 없어진다.

사례 금리와 채권가격

금리 올라가면 채권 매력 떨어져

채권은 정부나 공공단체, 기업, 은행 등이 자금 조달을 위해 투자자로부터 돈을 빌리면서 만기에 일정한 이자를 주기로 하고 발행하는 일종의 차용 증서다. 채권 투자를 통해 얻을 수 있는 수익은 채권 금리에 따른 이자와 채권 매매를 통한 차익이다.

채권을 만기까지 보유하면 원금과 함께 채권 발행 시에 정한 금리에 따라 확정된 이자를 받을 수 있다. 채권의 가격은 일반적으로 시중 금리와 상반된 움직임을 보인다. 보통 채권의 금리는 은행 예금 금리보다 높은데 시중 금리가 내려가면 이 차이가 더욱 벌어져 채권 투자의 매력이 높아진다. 자연히 채권 수요가 늘어나 채권 가격이 올라가게 된다. 반대로 금리가 올라가면 채권 보유의 매력은 그만큼 떨어져 수요가 줄어들게 되고 채권 가격은 떨어진다.

예를 들어 만기가 1년이고 이자율이 15%인 채권을 1만원에 산 투자자가 이 채권을 만기까지 보유하면 1,500원의 이자를 받는다. 그런데 채권을 사고 6개월이 지났는데 이 채권의 가격이 올라 1만1,000원에 팔 수 있게 된다면 얘기가 달라진다. 이런 상황에서 투자자는 1만원에 산 채권을 1만 1,000원에 팔아서 6개월 만에 10%의 이익을 실현하는 것과 6개월을 더 기다려서 1년 만에 15%의 이익을 실현하는 것 사이에서 판단을 내려야 한다. (한국경제신문 2008년 09월 16일)

연습문제

1 한국기업은 2년 전 6%의 액면이자율로 10년 만기 채권을 발행했다. 이 채권이 액면가 100만원의 93%로 거래된다면 만기수익률은 얼마인가?

2 대한기업이 발행한 채권의 만기는 10년, 만기수익률은 7.5%, 그리고 현재가격은 98만원이다. 이 채권의 액면가는 100만원이고 액면이자는 일 년에 두 번 지급한다. 이 채권의 액면이자율은 얼마인가?

3 액면가 10,000원, 만기 3년, 액면이자율 10%, 그리고 요구수익률이 8%인 회사채가 있다. 액면이자를 분기별로 지급한다면 이 채권의 현재가치는 얼마인가?

4 최근 주당 3,000원의 배당을 지급한 주식이 있다. 향후 배당의 성장률이 5%일 것으로 예상된다. 요구수익률이 8%라면 이 주식의 가격은 얼마인가?

5 한국기업의 주당 배당금은 매년 5%씩 영구 성장할 것으로 기대된다. 이 주식에 대해 주주들은 10%의 수익률을 요구하고 있다. 현재 주가가 9,000원이라면 이 주식은 최근에 얼마의 배당금을 지급했는가?

6 대한기업은 매년 2,000원의 배당을 영구히 지급하는 우선주를 발행했다. 이 주식이 주당 25,000원에 거래된다면 요구수익률은 얼마인가?

FINANCIAL MANAGEMENT

5장

자본예산

자본예산을 다룬 본 장에서는 자금의 운용과 관련된 원칙을 배운다. 기업의 가치창조 경영이 제대로 이루어지기 위해서는 투자안이 제대로 선정되어야 하는데 자본예산은 투자안의 선정이 이루어지는 과정을 말한다. 앞서 배운 재무제표와 현금흐름, 화폐의 시간적 가치는 자본예산을 배우기 위한 기초지식이라고 할 수 있다. 재무제표와 현금흐름에서 배운 것을 바탕으로 투자안으로부터 기대되는 현금흐름을 계산할 수 있고 화폐의 시간적 가치에서 배운 것을 바탕으로 순현가법이라는 투자안 평가방법의 논리적 타당성을 이해할 수 있다.

본 장에서는 우선 순현가법을 비롯한 여러 가지 투자안 평가방법을 소개한다. 여기서 독자들은 순현가법이 이론적으로 가장 우수한 투자안평가방법이라는 것을 이해할 수 있다. 그 다음에는 실제 투자안이 주어졌을 때 투자안의 현금흐름을 구하고 이를 바탕으로 투자안을 선정하는 과정을 배운다.

5.1 투자안 평가방법

투자안의 평가 방법에는 순현가법을 비롯하여 내부수익률법, 회수기간법, 회계적 이익률법, 그리고 수익성 지수법이 있다. 우선 이론적으로 가장 우수한 순현가법을 소개하고 이를 순현가법과 긴밀하게 관련된 투자안 평가방법인 내부수익률법과 비교한다. 다음에 이론적으로는 결함이 있지만 실무에 많이 사용되는 회수기간법, 회계적 이익률법 그리고 수익성지수법을 소개한다.

(1) 순현가법

재무관리 담당 임원은 주주의 부를 극대화하는 방향으로 의사결정을 내려야 한다. 그렇다면 주주의 부, 즉 기업가치를 극대화하는 투자안은 어떤 것일까? 순현가(Net Present Value)란 투자안으로부터 기대되는 미래 현금흐름의 현재가치에서 투자안에 지출되는 현금유출의 현재가치를 차감한 것이다.

기초 투자액을 I_o, 각 기간의 현금흐름을 CF_t, 할인율을 r이라고 하면 순현가는 다음과 같은 식으로 나타낼 수 있다.

$$NPV = \Sigma \ CF_t / (1+r)^t - I_o$$

순현가를 이해하기 위해 다음과 같은 투자안을 고려해보자. 기초투자액이 200만원이고 앞으로 3년 동안 매년 100만원의 현금유입이 기대된다. 이러한 현금흐름을 그림으로 나타내면 다음과 같다.

현금유입		100만원	100만원	100만원
기간	0	1	2	3
현금유출	-200만원			

이 투자안은 기초에 200만원의 현금이 유출되고 이후 3 년 동안 총 300만원의 현금이 유입된다. 현금유출은 초기에 발생하므로 그 자체가 현재

가치가 된다. 그러나 현금유입은 미래에 발생함으로 적정한 할인율로 할인해서 현재가치를 구해야 한다. 투자안에 적용되는 할인율이 10%라면 투자안의 순현가는 다음과 같이 계산된다.

$$NPV = -200 + 100 / 1.1 + 100 / (1.1)^2 + 100 / (1.1)^3$$
$$= 49$$

이 투자안은 순현가가 0보다 크기 때문에 채택된다. 순현가가 0보다 큰 투자안은 주주가치, 그리고 궁극적으로 기업가치를 창조하는데 기여할 수 있기 때문에 채택된다.

순현가법은 지금까지 살펴본 바와 같이 투자안으로부터 기대되는 미래의 현금흐름을 바탕으로 화폐의 시간적 가치를 반영해서 투자안의 가치를 측정하기 때문에 이론적으로 재무관리의 목표와 가장 부합되는 투자안 평가방법이라고 할 수 있다.

예제 5-1 순현가법에 의한 투자안 평가

초기 투자액이 5,000만원이고 5년간 매년 1,500만원의 영업현금을 만들어내는 투자안이 있다고 하자. 할인율이 10%라면 이 투자안의 순현가는 얼마인가?

해설

$$NPV = 1,500 / (1+0.1) + 1,500 / (1+0.1)^2 + 1,500 / (1+0.1)^3 + 1,500 / (1+0.1)^4 + 1,500 / (1+0.1)^5 - 5,000$$
$$= 1,500 \times 3.791 - 5,000$$
$$= 686.5\text{만원}$$

(2) 내부수익률법

이제 순현가법과 밀접하게 관련된 투자안 평가방법인 내부수익률법을 살펴보자. 내부수익률(internal rate of return)은 어떤 투자안으로부터 기대되는 미래현금흐름의 현재가치를 초기투자와 일치시키는 할인율로 다음 식을 만족시키는 r을 말한다.

$$\Sigma\ CF_t\ /(1+r)^t - I_0 = 0$$

이 식을 보면 내부수익률 결국 순현가를 0으로 만드는 할인율이라는 것을 알 수 있다. IRR은 투자로부터 창출되는 수익률이라고 할 수 있고 따라서 IRR이 투자안에 대해 요구되는 수익률보다 높으면 투자안을 채택해야 한다.

앞에서 살펴보았던 투자안의 내부수익률을 구해보자. 할인율이 r일 때 투자안의 순현재가치를 구하는 식은 다음과 같다

$$NPV = -200 + 100\ /\ (1+r) + 100\ /\ (1+r)^2 + 100\ /\ (1+r)^3$$

IRR은 이 투자안의 순현가를 0으로 만드는 할인율이다.

이 식을 풀면 투자안의 순현가를 0으로 만드는 할인율은 23%이다. 여기서 23%를 이 투자안의 내부수익률(IRR)이라고 한다. 만약 할인율이 23% 이하이면 기업은 이 투자안을 채택할 것이고 할인율이 23%이상이면 기업은 이 투자안을 기각할 것이다. 다시 말해서 내부수익률법의 의사결정원칙은 IRR이 할인율보다 크면 투자안을 채택하고 IRR이 할인율보다 적으면 투자안을 기각하는 것이다.

순현가곡선이라고 부르는 그래프를 통해 순현가와 IRR이 어떻게 관

련되어 있는지를 보자. 〈그림 5-1〉에서 종축은 NPV, 횡축은 할인율을 나타낸다. IRR은 투자안의 NPV가 0이 되는 할인율로서 순현가곡선이 횡축과 교차되는 점을 나타내고 있다. 〈그림 5-1〉은 NPV가 0이 되는 할인율이 23%임을 보여준다. 따라서 IRR은 23%이다.

또한 〈그림 5-1〉은 할인율이 IRR보다 작으면 NPV가 양수이고 할인율이 IRR보다 크면 NPV가 음수라는 것을 명백히 보여주고 있다. 이는 할인율이 IRR보다 적을 때 투자안이 채택된다면 NPV가 0보다 큰 투자안을 채택하게 되는 것을 의미한다. 따라서 투자안이 정상적인 경우 다시 말해서 초기투자가 있고 일정한 기간에 걸쳐서 0보다 큰 현금흐름이 발생하는 경우 IRR과 NPV의 투자안평가는 항상 일치한다는 것을 알 수 있다.

그림 5-1 | **NPV 곡선**

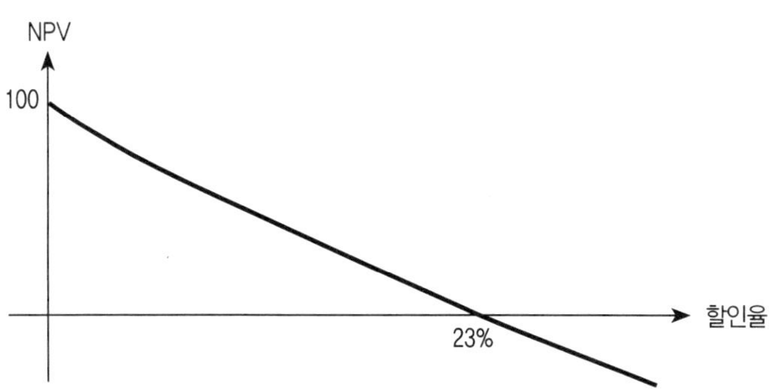

예제 5-2 **내부수익률에 의한 투자안 평가**

초기투자액이 4,000만원이고 매년 1,100만원의 영업현금흐름이 5년 동안 창출되는 프로젝트가 있다고 하자. 요구수익률이 10%일 때 내부수익률법에 의하면 이 프로젝트는 채택되어야하는가? 이 투자안의 내부수익률을 알려면 다음 식에서 r을 구하면 된다.

해설 $0 = -4{,}000 + 1{,}100 / (1+r) + 1{,}100 / (1+r)^2 + ... + 1{,}100/(1+r)^5$

이 투자안의 내부수익률은 11.65%이고 요구수익률은 10%보다 크기 때문에 투자안은 채택되어야 한다.

내부수익률법의 평가

IRR은 NPV와 밀접하게 관련되어 있지만 NPV에 비해 몇 가지 장점이 있다. 첫째, NPV를 사용하기 위해서는 할인율이 필요한데 비해 IRR은 할인율 없이도 계산이 가능하다. 둘째, IRR은 투자수익률을 의미하기 때문에 NPV에 비해 투자안의 수익성을 보다 알기 쉽게 나타낸다. 예를 들어 할인율이 10%일 때 'NPV가 3억이다.'라는 것보다 '투자안의 IRR이 15%이다.'라는 것이 투자안의 혜택여부를 결정하는데 있어서 훨씬 이해하기 쉽다. NPV는 단지 투자안이 0보다 큰 순현가를 만들어낸다는 것을 보여주지만 IRR은 투자안이 10% 할인율보다 5%를 상회하는 수익률을 창출한다는 것을 보여주기 때문이다.

하지만 IRR에는 다음과 같은 두 가지 문제점이 있다.

첫째, 상호배타적인 투자안 가운데서 하나를 선택할 때 IRR은 투자안 선택에서 오류를 범할 수 있다.

둘째, 투자안의 현금흐름이 비정상적일 때 복수의 IRR이 존재해서 투자안 선택이 제대로 이루어질 수 없다.

아래에서 이러한 두 가지 문제점을 보다 상세히 살펴보자.

▌상호배타적인 투자안 평가에서의 문제점

두 가지 투자안 A, B가 있다고 하자. 기업은 A와 B 가운데 하나를 선택해야 한다. 예를 들어 투자안 A가 공장유휴지에 생산라인을 하나 더 증설하는 것이고 투자안 B는 자재창고를 짓는 것이라면 투자안 A와 B는 상호배타적인 투자안이라고 할 수 있다. 투자안 A와 B의 현금흐름, IRR 그리고 NPV가 〈표 5-1〉에 나타나 있다.

〈표 5-1〉에서 보듯이 투자안 A는 현금유입이 사업초기에 몰려 있고 투자안 B는 사업말기에 몰려있다. 따라서 투자안 A의 IRR이 투자안 B보다 크다 해도 할인율이 낮으면 투자안 B의 NPV가 더 클 수 있다. 실제로 투자안 A의 IRR이 B보다 크지만 할인율이 10%인 경우 B의 NPV가 A보다 높다. 이 예에서 할인율이 16%이하이면 IRR과 NPV의 투자안 선택은 상충된다. 이 같은 경우 NPV를 적용해서 투자안 B를 선택해야 한다.

표 5-1 | **상호배타적 투자안에서 IRR와 NPV의 상충**

연도	투자안 A	투자안 B
0	-1,000	-1,000
1	900	300
2	400	400
3	200	1,000
IRR	32	25
NPV(10%)	299	355
NPV(24%)	91	27

그림 5-2 | 상호 배타적 투자안의 NPV곡선

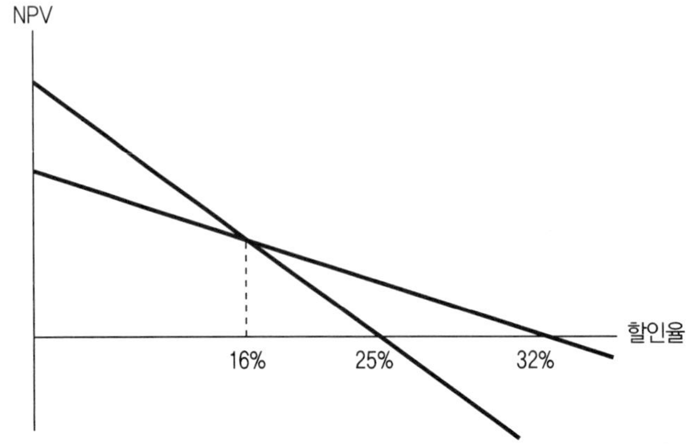

투자안의 현금흐름이 비정상적일 경우의 문제점

투자 초기에 1,000만원을 투자해서 1기간 말에 1억원의 현금유입이 있고 2기간 말에 1억원의 현금유출이 발생하는 투자안을 생각해보자. 이 투자안은 투자가 시작될 때는 0보다 작은 현금흐름, 1년 후에는 0보다 큰 현금흐름, 2년 후에는 0보다 작은 현금흐름을 갖기 때문에 투자안의 현금흐름이 비정상적이다. 이 투자안은 12.5%와 730.5%라는 두 개의 IRR을 갖는다. 이 가운데 어느 것을 사용할 것인가? 이때 둘 중에 어느 것이 우월하다고 볼 근거가 없기 때문에 둘 다 사용할 수 없다.

〈그림 5-3〉에서 이 투자안은 할인율이 12.5%와 730.5% 사이에 있을 때 순현가가 0보다 크다. 또한 할인율이 이 범위를 벗어나면 순현가는 0보다 작다.

그림 5-3 | **현금흐름이 비정상적일 경우의 IRR**

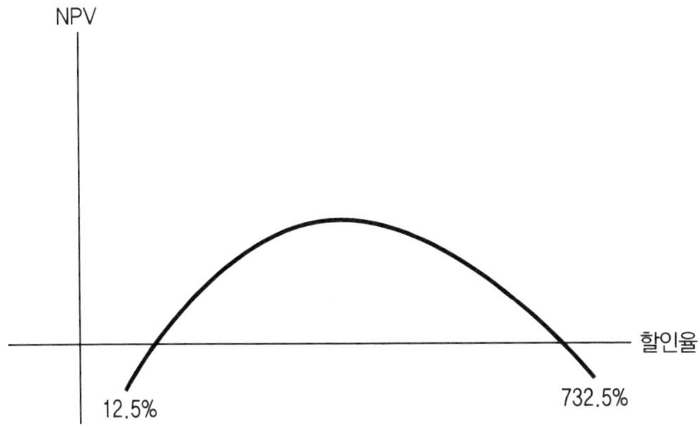

(3) 회수기간법

회수기간(payback period)은 투자안에 대한 초기의 투자원금을 회수하는데 소요되는 기간을 의미한다. 회수기간법에서는 회수기간이 짧을수록 좋은 투자안으로 간주되며 계산된 회수기간이 미리 정한 기간보다 짧은 경우 투자안을 채택하게 된다.

투자안의 순현금흐름이 〈표 5-2〉와 같다고 하자.

표 5-2 | **투자안 현금흐름**

기간	0	1	2	3	4
현금흐름	-50억	30억	20억	10억	10억

〈표 5-2〉에 따르면 초기투자는 50억원이고 2년 후에 50억원이 회수됨을 알 수 있다. 따라서 투자안의 회수기간(payback period)은 2년이다. 만약 2년이 회사가 미리 정한 목표기간보다 짧다면 투자안은 채택될 것이고 길다면 채택되지 않을 것이다.

회수기간법은 사용하기 편리하고 간단해 보이지만 이론적으로 다음과 같은 문제점을 갖고 있다. 첫째, 회수기간법은 화폐의 시간적 가치를 고려하지 않는다. 둘째, 회수기간법은 회수기간 이후에 발생하는 현금흐름을 무시한다. 특히 수익성이 있지만 일정기간이 지나야 본격적으로 현금흐름이 발생하는 투자안이 회수기간법에 의해 채택되지 않을 수도 있다. 예를 들어 투자안의 현금흐름이 〈표 5-3〉과 같은 투자안을 보자.

표 5-3 | **투자안 현금흐름**

기간	0	1	2	3	4
현금흐름	-200억	50억	50억	200억	200억

이 투자안의 회수기간은 2.5년이다. 만약 회사가 미리 정한 회수기간이 2년이라면 이 투자안은 채택되지 않을 것이다. 하지만 이 투자안의 현금흐름이 3년 이후부터 본격적으로 발생한다는 것을 감안하면 투자안을 채택하지 않는 것은 잘못된 결정이라고 할 수 있다.

셋째, 회사가 정한 목표 기간이 이론적 근거 없이 임의로 결정될 수 있다는 것이다. 따라서 목표 기간을 어떻게 설정하느냐에 따라 동일한 투자안이 채택될 수도 있고 기각될 수도 있다.

지금까지 이야기한 여러 가지 문제점들에도 불구하고 회수기간법은 실무에서 비교적 널리 사용되고 있다. 그러한 가장 근본적인 이유는 투자안의 미래 현금흐름의 불확실성이 시간이 지날수록 커진다는 것을 감안하여 회수기간법은 유동성 확보에 초점을 맞추고 있기 때문이다. 다만 주목해야할 것은 회수기간법이 비교적 단순한 사업을 하는 기업에서 많이 사용된다는 점이다.

R&D투자와 같이 현금흐름이 상당한 시간이 경과해야 발생하는 투자안을 갖고 있는 기업보다는 비교적 짧은 기간 내에 현금흐름이 발생하는

투자안을 갖고 있는 기업에서 회수기간법이 많이 사용된다. 예를 들어 신약개발이 주요 사업인 제약회사에서 회수기간법은 투자안 평가방법으로 적합하지 않다. 또한 회수기간법은 순현가법을 사용하는 기업에서 상대적으로 사소한 투자안을 평가할 때 보조적인 투자안 평가방법으로 이용될 수 있다.

(4) 회계적 이익률법

회계적이익률법(average accounting return)은 투자안으로부터 얻게 되는 연평균수익률을 투자안의 평균 장부가치로 나누어 구한 다음 이것이 임의의 목표수익률보다 크면 투자안을 채택하는 방법이다.

AAR = 연평균회계적 순이익/평균투자액
평균투자액 = 초기투자액/2

회계적 이익률법은 투자안의 현금흐름을 측정하지 않고 재무제표에 나와 있는 정보를 그대로 이용하기 때문에 간편하다는 장점이 있다. 하지만 이런 장점에도 불구하고 화폐의 시간적 가치와 투자안의 위험이 제대로 고려되지 않는다는 문제점이 있기 때문에 규모가 작은 단순사업 같은 특수한 경우에만 사용된다.

(5) 수익성지수법

투자안을 평가하는데 사용되는 또 하나의 방법은 수익성지수(profitability index : PI), 혹은 이익 - 비용(benefit-cost ratio)이다. 이 지수는 투자안에서 발생하는 미래 현금흐름의 현재가치를 초기투자액으로 나눈 값이다.

예를 들어 어떤 투자안의 초기투자액이 10억이고 미래 현금흐름의 현재가치가 12억원이라면 수익성지수는 12억/10억 = 1.2가 된다. NPV관점에서 보면 이것은 초기투자액 1원당 가치가 1.2원이라는 것을 의미한다. 수익성지수는 투자액 1원당 창출되는 가치를 측정한다. 이 투자안의 NPV가 2억이기 때문에 이 투자안은 채택되어야 한다.

일반적으로 투자안의 NPV가 0보다 크면 미래현금흐름의 현재가치는 초기투자액보다 더 크게 된다. 따라서 NPV가 0보다 클 경우 수익성지수는 1보다 크고 NPV가 0보다 작으면 수익성 지수는 1보다 작다. 수익성지수법은 순현가법과 유사한 투자안 평가방법이고 이해하기 쉽다는 장점을 갖고 있지만 IRR의 경우와 같이 상호배타적인 투자안을 평가할 때 잘못된 의사결정을 할 수 있다는 문제점을 갖고 있다.

예를 들어 초기투자액이 10억이고 미래 현금흐름의 현재가치가 15억원인 투자안과 초기투자액이 100억이고 미래 현금흐름의 현재가치가 120억원인 투자안을 고려해보자. 첫 번째 투자안의 NPV는 5억이고 수익성지수는 1.5이다. 두 번째 투자안의 NPV는 20억원이고 수익성지수는 1.2이다. 두 개의 투자안 가운데 하나를 고른다면 NPV가 더 큰 두 번째 투자안이 수익성지수가 낮음에도 불구하고 채택되어야 한다.

5.2 투자안 현금흐름 추정과 평가

(1) 투자안 현금흐름 추정을 위한 원칙 : 증분현금흐름과 독립평가

투자안을 제대로 평가하기 위해서는 투자안을 채택했을 경우 얼마만큼의 현금흐름이 발생하는지를 우선 파악해야 한다. 투자안 채택에 따른 현금흐름을 파악하는데 있어서 가장 중요한 개념은 증분현금흐름(Incremental Cashflow)이다. 증분현금흐름이란 투자안을 채택했을 경우 회사에 추가되는 현금흐름을 말한다. 투자안을 채택하지 않아도 발생하는 현금흐름을 투자안의 현금흐름으로 간주해서는 안된다. 투자안 현금흐름과 관련된 또 하나의 중요한 원칙은 평가하려고 하는 투자안을 별도의 회사로 간주해서 평가해야 한다는 것이다. 이것을 독립평가의 원칙(stand-alone principle)이라고 부른다. 다시 말해서 투자안을 채택했을 때 발생하는 증분현금흐름을 기존의 회사와 분리해서 평가해야 된다는 것이다.

(2) 증분현금흐름 계산을 위한 유의사항

투자안의 증분현금흐름을 구하기 위해서는 다음과 같은 몇 가지 점들에 유의할 필요가 있다

가. 매몰비용

매몰비용이란 이미 지불된 비용을 의미한다. 이런 비용은 투자안의 채택여부와 관계 없이 발생한 비용이기 때문에 투자안 평가에서 제외되어야 하고 당연히 투자안의 증분현금흐름 계산에 포함되지 않는다. 예를 들어 어떤 투자안을 평가하기 위해 투자안평가 전문회사에 용역을 주었다고 하자. 이 경우 용역비용은 투자안의 현금흐름 계산에 반영되어서는 안된다. 용역비용은 투자안의 채택 여부와 관계없이 지불된 매몰비용이기 때문이다.

나. 기회비용

투자안 평가에서 기회비용은 실제로 현금으로 지출되지는 않았지만 투자안의 비용으로 간주 되어야 하는 것을 말한다. 보통 기회비용은 회사가 제안된 투자안을 위해 사용해야할 자산을 이미 소유하고 있는 경우에 발생한다. 예를 들어 회사가 보유한 주차장을 새로운 투자안을 위한 공장 용지로 사용한다고 하자. 투자안을 수행하기 위해서 회사가 주차장

매입 비용을 지불할 필요가 없다고 해서 공장 용지 비용이 0이 되어야 하는가? 그렇지 않다.

회사 입장에서 보면 주차장을 공장으로 사용하지 않으면 다른 방법으로 수익을 올릴 수 있기 때문에 주차장을 공장용지로 사용하지 않을 때 얻는 수익을 투자안의 공장이용 비용으로 간주해야 한다. 다시 말해서 주차장의 기회비용이 투자안 평가에서 공장용지 비용으로 계산되어야 한다. 투자안 평가에서 기회비용을 명시적으로 고려해야 한다.

다. 부수효과 고려

부수효과란 새로운 투자안의 채택이 기존 사업의 현금흐름에 미치는 긍정적 혹은 부정적 영향을 의미한다. 새로운 투자안이 기존 사업을 대체하는 사업이라면 그로 인해 기존 사업의 현금흐름을 감소시키기 때문에 신규 투자안의 현금흐름을 추정할 때 기존 사업의 현금흐름 감소분을 추가 현금유출로 간주해야 한다. 자동차 회사에서 신형 자동차를 개발하면 기존 자동차의 매출액이 감소하기 때문에 신형 자동차 사업의 매출액을 추정할 때 기존 자동차 매출액 감소분을 차감해야 하는 것과 같은 원리이다.

한편 신규투자안이 기존 사업을 보완하면 그 투자안의 채택으로 기존 사업의 현금흐름은 증가할 것이고 따라서 그 만큼을 신규투자안의 현금흐름에 추가해야 한다.

라. 순운전자본

회사가 투자안을 수행할 때에는 공장 설립이나 기계구입과 같은 자본 지출뿐만 아니라 순운전자본에 대한 투자도 필요하다. 투자안 수행을 위한 여유현금이 필요하며 사업초기에는 재고와 외상매출금을 어느 정도 유지해야 한다. 사업초기에 순운전자본 유지를 위한 자금이 필요하지만 사업이 끝나면 투자되었던 순운전자본이 모두 회수된다는 것도 잊지 말아야 한다. 다시 말해서 투자안이 마무리 되면 재고는 판매되고 외상매출은 회수되며 외상매입은 지불된다.

마. 금융비용

투자안을 분석하는데 있어서 지급이자와 같은 금융비용은 분석대상에서 제외된다. 왜냐하면 금융비용은 투자안으로부터 얻어지는 현금흐름과 관련이 없기 때문이다. 투자안 평가의 목표는 투자안으로부터 얻어지는 현금흐름과 투자안 수행을 위해 필요한 비용을 비교해서 순현가를 추정하는 것이다. 금융비용은 투자안으로부터 얻어지는 현금흐름과 관련이 없다.

(3) 투자안 현금흐름 추정의 예

대당 20만원의 가격으로 연간 10만대가 판매될 것으로 예상되는 신형 휴대전화 프로젝트를 보자. 휴대전화를 생산하는데 단위당 12만원의 비용이 들고, 휴대전화는 제품의 특성상 신제품 출시 속도가 빠르기 때문에 수명주기가 3년에 불과하다. 이 프로젝트에 10%의 수익률이 요구된다. 이 사업을 수행하기 위해서는 90억원을 제조장비에 투자해야하고 매년 2억원의 고정비용이 발생한다. 제조장비 구입비용 90억원은 3년의 프로젝트 기간동안 100% 감가상각 되고 3년 후 잔존가치는 0이라고 가정하자. 이 프로젝트는 사업초기에 재고유지와 외상매출을 위해 10억원의 순운전자본에 대한 투자가 필요하고 법인세는 25%이다.

이 프로젝트의 채택여부를 평가하기 위해서는 먼저 추정손익계산서와 재무상태표 관련 자료를 바탕으로 프로젝트 현금흐름을 구해야 한다.

〈표 5-4〉는 프로젝트의 매년 추정손익계산서이다. 재무상태표 관련 자료는 사업초기에 90억원이 비유동자산에 투자되어 매년 30억원씩 감가상각된다는 것과 사업초기에 소요되는 10억원의 운전자본이 사업이 끝날 때까지 그대로 유지된다는 것이다.

표 5-4 | **휴대전화프로젝트의 추정손익계산서**

매출	200억
변동비용	120억
매출총이익	80억
고정비용	2억
감가상각비	30억
EBIT	48억
법인세	12억
순이익	36억

프로젝트의 현금흐름을 계산하기 위해서는 프로젝트를 하나의 회사로 간주하고 손익계산서와 재무상태표가 주어졌을 때 자산으로부터의 현금흐름을 구하는 것과 같은 과정을 거쳐야 한다. 프로젝트와 관련된 영업현금흐름, 순운전자본의 변동, 자본지출을 구한 다음 프로젝트 기간별로 영업현금흐름에서 순운전자본의 변동과 자본지출을 빼면 된다.

우선 프로젝트 영업현금흐름은 프로젝트의 추정손익계산서인 〈표 5-4〉로부터 계산될 수 있다.

프로젝트 영업현금흐름 = 이자와 법인세 차감전 순이익 + 감가상각비 − 법인세
= 48억 + 30억 − 12억
= 66억

재무상태표 관련 자료에 따르면 회사는 초기에 비유동자산 구입을 위해 90억을 지출해야하고 순운전자본에 10억을 투자해야 한다. 따라서 사업초기의 투자액은 100억원이 된다. 프로젝트가 끝나면 비유동자산은 가치가 없어지지만 순운전자본은 전액 회수되기 때문에 프로젝트 마지막 연도에 10억의 현금이 유입된다.

표 5-5 | 휴대전화 프로젝트의 예상 현금흐름

영업현금흐름		66억	66억	66억
순운전자본의 변동	-10억			+10억
자본지출	-90억			
총현금흐름	-100억	66억	66억	76억

휴대전화 프로젝트의 요구수익률이 10%라면 순현가는 다음과 같이 구할 수 있다.

$$NPV = -100 + 66 / (1+0.1) + 66 / (1+0.1)^2 + 76 / (1+0.1)^3 = 64.13\text{억원}$$

휴대전화 프로젝트의 순현가가 0보다 크기 때문에 휴대전화 프로젝트는 채택된다.

(4) 현금흐름 예측의 어려움과 대응방안

지금까지 프로젝트의 예상 손익계산서와 재무상태표가 주어지면 어느 정도 기계적으로 프로젝트의 현금흐름을 구할 수 있고 이를 바탕으로 프로젝트의 채택 여부를 평가할 수 있다는 것을 배웠다. 하지만 프로젝트의 예상 손익계산서와 재무상태표를 만드는 것은 현실적으로 매우 어렵다. 기본적으로 프로젝트를 통해 얻을 수 있는 미래의 현금흐름을 추정해야

하는데 미래 경제활동은 불확실성에 노출되어 있기 때문이다. 따라서 투자안 평가에서는 평가방법을 선택하고 적용하는 것보다 예상 손익계산서와 재무상태표를 보다 신뢰할만한 것으로 만드는 것이 훨씬 더 어렵다.

따라서 다음에는 아무리 정교하게 예상손익계산서와 재무상태표를 만들어도 프로젝트의 예상 현금흐름에 여전히 불확실성이 존재한다는 것을 전제로 대응방안을 제시한다. 통계학적으로 여러 가지 대응방안이 있겠지만 여기서는 시나리오 분석과 민감도 분석을 소개한다.

가. 시나리오 분석

새로운 프로젝트를 평가할 때 먼저 해야할 일은 추정 현금흐름을 바탕으로 투자안 평가 방법을 적용해서 채택여부를 결정하는 것이다. 투자안 평가방법으로 NPV를 적용한다고 하자. NPV가 0보다 크면 프로젝트는 채택될 것이다. 그러나 현금흐름 추정에서의 불확실성과 오류를 감안하면 이것은 단지 분석을 위한 시작에 불과하다.

시나리오 분석이란 처음 제시된 추정현금흐름을 기본사항으로 인식하고 현금흐름 추정에서의 오류를 감안하여 프로젝트 현금흐름에 영향을 주는 여러 변수에 상한선과 하한선을 정하는 것이다. 예를 들어 제품의 판매량이 1,000개로 추정되었다고 하자. 미래의 불확실성으로 제품이 1,000개 보다 더 팔릴 수도 있고 덜 팔릴 수도 있다. 20%의 오차가 있다고 하면 판매량의 상한선은 1,200개이고 하한선은 800개이다. 다른 변수들에 대해서도 이와 같은 방법으로 상한선과 하한선을 설정한다.

구체적으로 예를 들어 보자. 평가 대상 프로젝트는 1억 2,000만원의 초기 투자가 필요하고 수명은 3년이며 잔존가치는 없다. 감가상각비는 정액법을 적용하여 계산된다. 요구수익율은 15%이고 법인세율은 25%이다. 프로젝트 현금흐름에 영향을 주는 주요 변수들의 기본상황, 상한선, 하한선은 다음과 같다.

	기본상황	하한선	상한선
판매량	6,000	5,000	7,000
단위가격	80,000원	70,000원	90,000원
단위당 변동비용	60,000원	57,000원	63,000원
연간고정비용	5,000만원	4,500만원	5,500만원

이 자료를 바탕으로 기본상황에 대한 NPV를 계산하면 다음과 같다.

매출액	4억 8,000만
변동비용	3억 6,000만
고정비용	5,000만
감가상각비	4,000만
EBIT	3,000만
세금	750만
순이익	2250만

영업현금흐름은 매년 3,000만 + 4,000만 − 750만 = 6,250만이다. 따라서 프로젝트의 순현가는 다음과 같이 계산된다.

$$\text{NPV} = -1억\ 2{,}000만 + 6{,}250만 / 1.15 + 6{,}250만 / 1.15^2 + 6{,}250만 / 1.15^3 = 2{,}270만$$

고려할 수 있는 시나리오는 아주 많지만 시나리오 분석의 요점을 제시하기 위해 여기서는 변수들에 대한 상한선과 하한선을 바탕으로 프로젝트의 수익성이 가장 좋아지는 최상의 경우와 가장 나빠지는 최악의 경우를 고려해보자. 최악의 상황을 계산하기 위해서는 변수들에 대해 가장 불리한 값을 부여한다. 판매량과 단위가격에는 가격의 하한선을 부여하고 변동비용과 고정비용에는 가격의 상한선을 부여한다. 최상의 경우는 최악의 경우와 반대되는 과정을 거치면 된다.

표 5-6 | **경제상황별 프로젝트 현금흐름과 순현가**

(단위 : 만원)

시나리오	순이익	현금흐름	순현가
기본상황	2,250	6,250	2,270
최악의 상황	-6,000	-2,000	-16,566
최상의 상황	10,950	11,300	13,800

* EBIT가 0보다 작은 경우 법인세는 0이라고 가정

표 5-7 | **경제상황별 변수들의 값**

	최악의 경우	최상의 경우
판매량	5,000	7,000
단위가격	70,000원	90,000원
단위당 변동비용	63,000원	57,000원
연간고정비용	5,500만원	4,500만원

〈표 5-7〉은 최악의 경우와 최상의 경우 각각의 변수들의 값을 나타내고 〈표 5-6〉은 최악의 상황과 최상의 상황에서 프로젝트의 현금흐름과 순현가를 보여준다. 〈표 5-6〉에서 보듯이 기본상황과 최상의 상황에서 순현가는 0보다 크지만 최악의 상황에서 순현가는 0보다 작다. 따라서 기본 상황만을 고려하면 이 프로젝트는 채택되지만 시나리오 분석을 통한 최악의 상황을 고려하면 채택여부는 불확실하다. 최악의 경우에 대한 보다 상세한 분석을 바탕으로 프로젝트의 채택여부가 결정될 것이다.

나. 민감도 분석

민감도 분석은 시나리오 분석의 변형이다. 시나리오 분석이 프로젝트 현금흐름에 영향을 미치는 모든 변수들의 상한선과 하한선을 고려하는 데 비해 민감도 분석은 예측의 불확실성이 가장 크다고 생각되는 특정 변수에 집중해서 그 변수의 변화가 프로젝트 NPV에 어떻게 영향을 주는가를 분석하는 것이다.

앞의 자료를 바탕으로 다른 변수들은 고정되고 판매량만이 변화할 때 프로젝트의 순현가를 분석한 것은 〈표 5-8〉에 나타나 있다. 기본 상황과 최상의 상황에서의 판매량으로는 프로젝트의 순현가는 0보다 크지만 최악의 상황에서의 판매량으로는 프로젝트의 순현가가 0보다 작아지는 것을 알 수 있다.

표 5-8 | **판매량 변화에 따른 순현가 추이**

(단위 : 만원)

시나리오	순이익	현금흐름	순현가
기본상황	2,250	6,250	2,270
최악의 상황	−4,000	0	−12,000
최상의 상황	3,750	7,750	5,695

* EBIT가 0보다 작은 경우 법인세는 0이라고 가정

연습 문제

1. 상호배타적인 투자안 A와 B의 현금흐름이 다음과 같다. 각 투자안의 NPV 도표를 그리고 두 투자안의 NPV가 교차하는 할인율을 구하시오.

연도	투자안 A	투자안 B
0	-3,000만원	-3,000만원
1	1,600만원	600만원
2	1,200만원	1,100만원
3	700만원	1,400만원

2. 투자안 A와 B에 대한 현금흐름이 다음과 같다

연도	투자안 A	투자안 B
0	-1,000만원	-600만원
1	800만원	200만원
2	400만원	400만원
3	200만원	200만원

1) 각 투자안의 회수기간과 IRR을 구하시오?

2) A와 B가 상호배타적일 경우 어떤 투자안을 선택해야하는가? 요구수익률은 8%이다.

3. 한국기업은 5,000만원의 투자가 필요한 새로운 기계를 설치할 것인가를 검토하고 있다. 5,000만원의 설비투자는 5년간의 프로젝트 수행기간 동안 잔존가치 0으로 정액법에 의해 감가상각된다. 새로운 기계는 5년 후에 500만원을 받고 고철시장에서 판매될 수 있다. 새로운 기계를 설치하면 연간 1,000만원의 영업비용을 절감해줄 것으로 예상된다. 새로운 기계를 설치해 제품을 생산하게 되면 300만원의 순운전자본이 초기에 투자되어야 한다. 법인세율이 40%이고 할인율이 5%라면 이 프로젝트의 NPV는 얼마인가?

4. 홍익기업이 새로운 기계를 도입하는 프로젝트를 평가하려고 한다. 기계 구입 비용은 900만원, 내용 연수는 3년, 감가상각은 정액법, 잔존가치는 0이지만 3년 후 매각하면 300만원을 받을 수 있다. 새로운 기계를 사용하면 영업비용이 연간 200만원 절약되고, 새로운 기계를 사용하기 위해서는 100만원의 순운전자본 증가가 요구된다. 법인세율은 30%이다.

1) 프로젝트를 채택하면 지금 얼마만큼의 투자비용이 필요한가?

2) 새로운 기계사용과 관련된 향후 3년간의 현금흐름을 연도별로 나타내시오.

FINANCIAL MANAGEMENT

6장

위험과 수익률

투자안을 평가하기 위해서는 투자로부터 얻을 수 있는 미래의 현금흐름을 현재가치로 환산해야하고 이를 위해서는 할인율이 필요하다는 것을 앞에 나온 자본예산에서 지적하였다. 또한 할인율은 투자자들의 요구에 의해 결정된다는 점에서 요구수익률(required rate of return)과 같다는 것도 배웠다.

그렇다면 요구수익률은 어떻게 결정되는가? 요구수익률은 분석하려는 투자안의 위험에 따라 결정된다. 투자안의 위험이 크면 클수록 투자자들은 더 많은 수익을 요구하게 되고 따라서 요구수익률도 커진다. 투자안의 요구수익률을 추정할 때 잊지 말아야 할 것은 투자안과 동일한 위험을 갖는 주식 혹은 채권과 같은 금융자산을 고려하는 것이 필요하다는 것이다. 투자안으로부터 얻을 수 있는 수익은 적어도 동일한 위험을 갖는 금융자산에 투자해서 얻을 수 있는 수익과 같아야 한다. 따라서 투자안에 대한 요구수익률은 동일한 위험을 갖는 금융자산의 위험과 수익률 관계를 분석해서 얻을 수 있다.

이런 관점에서 본 장에서는 금융자산의 위험과 수익률이 어떤 관계를 갖는가를 구체적으로 분석한다. 위험과 수익률은 궁극적으로는 불확실한 미래를 대상으로 정교하게 분석되는데 이를 바탕으로 위험과 수익률 사이의 관계를 나타내는 식이 유도될 수 있다. 하지만 위험과 수익률 사이의 관계에 대한 기본적인 직관을 얻기 위해서는 과거자료를 바탕으로 분석하는 것도 필요하다. 따라서 본장에서는 우선 과거자료를 바탕으로 금융자산의 수익률과 위험을 어떻게 계산하고 평가하는가를 살펴본 다음 불확실한 미래를 전제로 한 위험과 수익률관계를 분석한다.

6.1 과거자료를 바탕으로 한 금융자산의 위험과 수익률

(1) 투자수익과 투자수익률

여기서는 주식을 금융자산으로 보고 이야기 한다. 주식에 투자했을 때 얻을 수 있는 투자수익은 두 가지이다. 첫째, 주식을 보유하고 있는 동안 배당수익을 얻을 수 있다. 둘째, 주식에 투자해서 보유하고 있는 동안 주가가 상승해서 수익을 얻을 수 있다. 물론 주식을 보유하고 있는 동안 주가가 하락하면 손실을 보게 된다. 주가상승에 의한 수익을 자본이득이라고 한다. 따라서 주식에 투자했을 때 보유기간 동안의 투자 수익은 투자기간 동안 지급된 배당과 자본이득(혹은 자본손실)을 합친 것이다. 예를 들면 다음과 같다.

예제 6-1 김홍익씨는 2007년 초에 하이닉스 주식을 주당 20,000원에 100주 매입했다. 하이닉스는 2007년 주당 500원의 배당을 지급했고 연말 주가는 22,000원이었다. 거래비용이 없다고 했을 때 김홍익씨의 투자수익은 얼마인가?

해설 김홍익씨의 초기투자액 = 20,000원 × 100주 = 200만원

배당수익 =500원 × 100주 = 50,000원

주가상승에 따른 자본이득 = (22000-20000) × 100주 = 200,000원

투자수익 = 50,000원 + 200,000원 = 250,000원

지금까지 주식에 투사했을 때 투자기간 동안 발생한 투자수익을 어떻게 계산하는가를 배웠다. 투자수익은 지금까지 이야기한 것처럼 투자기

간 동안 발생한 금액을 기준으로 계산하는 것보다 수익률을 기준으로 계산하는 것이 더 편리할 수 있다. 왜냐하면 금액기준으로 투자수익을 계산하면 여러 가지 투자안의 투자성과를 비교하기가 어렵기 때문이다. 10만원 투자수익을 달성한 두 가지 투자안을 비교한다고 가정하자. 금액을 기준으로 하면 두 투자안의 성과가 동일한 것처럼 보일 수도 있다. 하지만 초기투자금액의 크기에 따라 두 투자안의 투자성과는 다르다. 1,000만원을 투자해서 10만원의 투자수익이 발생한 경우와 100만원을 투자해서 10만원의 투자수익이 발생한 경우는 투자성과가 다르기 때문이다.

수익률을 기준으로 투자성과를 계산하는 것도 금액기준으로 성과를 계산하는 경우처럼 우선 배당수익과 자본이득을 계산하고 이것들을 배당수익률과 자본이득률로 변형시켜 합하면 된다. 예를 들면 다음과 같다.

예제 6-2 앞의 예에서는 김홍익씨가 주식투자로 얻은 투자수익을 계산했는데 여기서는 투자수익률을 계산해보자. 투자수익률은 주당 배당수익률과 자본이득률의 합으로 계산된다. 김홍익씨가 거둔 배당수익률과 자본이득률은 다음과 같다.

해설 배당수익률 = 500 / 20,000 = 2.5%

자본이득률 = (22,000 - 20,000) / 20,000 = 10%

따라서 2007년 김홍익씨의 투자수익률은 다음과 같다.

투자수익률 = 2.5% +10% = 12.5%

(2) 과거 수익률의 평균과 표준편차

지나간 과거 일정기간 동안 특정 금융자산의 위험과 수익률이 어떠했는가를 파악하기 위해서는 해당 금융자산을 보유하고 있는 기간 동안 발생한 수익률의 평균과 표준편차를 계산해야 한다. 수익률은 평균수익률로 계산할 수 있다. 평균수익률은 매 기간 발생한 수익률은 더해서 기간의 수로 나누면 구할 수 있다. 금융자산의 위험은 금융자산으로부터 얻은 수익률의 변동성을 의미한다.

수익률의 변동성은 분산 혹은 표준편차를 통해 측정할 수 있다. 분산은 기본적으로 실제수익률과 평균수익률의 차이를 제곱한 값의 평균으로 측정된다. 표준편차는 분산의 제곱근이다. 분산이나 표준편차가 크다는 것은 실제 수익률이 평균수익률로부터 널리 분산되어 있고 따라서 수익률의 변동성이 크다는 것을 의미한다. 예를 통해 수익률의 평균, 분산 그리고 표준편차가 계산되는 과정을 보자.

어떤 주식의 지난 4년간 투자수익률이 -8%, 4%, 10%, 10%라고 하자. 평균수익률은 (-8% + 4% + 10% + 10%) / 4 = 4%이다. 분산과 표준편차의 계산은 다음과 같이 요약될 수 있다.

	수익률	평균수익률	(수익률-평균수익률)	(수익률 -평균수익률)^2
1	-0.08	0.04	-0.12	0.0144
2	0.04	0.04	0	0
3	0.10	0.04	0.06	0.0036
4	0.10	0.04	0.06	0.0036
합계	0.16		0.00	0.0216

분산 = 0.0216 / (4-1) = 0.0072

그림 6-1 | 미국 자본시장에서의 위험과 수익률의 관계

구 분	산술평균	표준편차	분 포
대형주	13.0%	20.2%	
소형주	17.3	33.4	
장기사채	6.0	8.7	
장기국채	5.7	9.4	
중기국채	5.5	5.7	
재정증권 (단기국채)	3.9	3.2	
인플레이션	3.2	4.4	

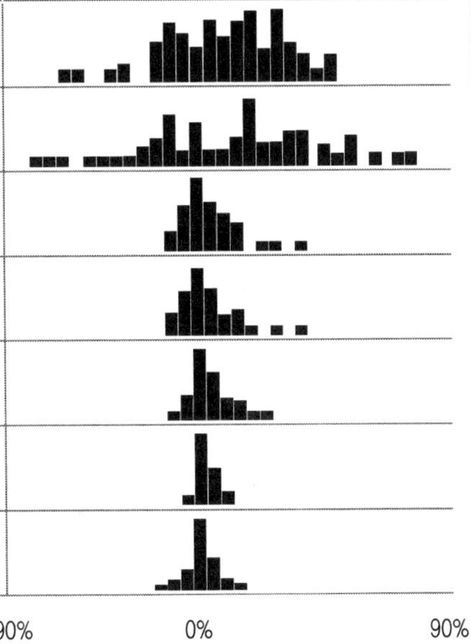

출처 : Stocks, Bills and Inflation 2001 Yearbook, Ibbotson Associates, Inc., Chicago.

지금까지 과거자료를 바탕으로 투자수익, 투자수익률, 투자수익률의 평균과 표준편차를 어떻게 구하는가를 살펴보았다. 실제 과거자료를 바탕으로 투자수익률의 평균과 표준편차를 구해보면 다음과 같은 두 가지 흥미롭고 중요한 사실을 확인할 수 있다.

첫째, 위험이 높은 자산일수록 평균수익률이 더 크다. 예를 들어 1926년부터 2000년까지 미국시장에서의 유가증권 종류별 연간 투자수익률은 〈그림 6-1〉에 나타나 있다. 〈그림 6-1〉은 채권보다 주식의 투자위험이 더 높고 주식 중에서도 대형주보다 중소형주의 투자위험이 더 크다는 것, 그리고 채권 중에서는 국공채보다 회사채가 더 위험이 크다는 것을 보여준다. 장기간에 걸쳐 주식과 회사채에 투자했을 경우의 연평균수익률을 계산해보면 주식의 평균수익률이 회사채의 평균수익률보다 크고 회사채의 평균수익률은 국채의 평균수익률보다 크다. 또한 국채의 평균수익률과 주식의 평균수익률을 비교하면 주식의 평균수익률이 더 큰데 국채가 무위험자산이기 때문이다. 이 두 수익률간의 차이는 위험을 감수하는데 따른 보상이라고 볼 수 있고 이를 위험프리미엄(risk premium)이라고 부른다. 따라서 위험이 높은 자산일수록 평균수익률이 더 크다는 것은 시장에서 위험을 감수하는데 따른 보상이 존재한다는 것을 의미한다.

둘째, 보상이 크면 클수록 위험도 더 크다. 〈그림 6-1〉을 보면 채권수익률보다 주식 수익률의 표준편차가 더 크고 주식 중에서도 중소형주 수익률의 표준편차가 대형주 수익률의 표준편차보다 더 크다는 것을 알 수 있다. 평균적으로 위험을 감수하는데 따른 보상이 존재하지만 어떤 시기에는 위험자산의 가치가 큰 폭으로 변동할 수 있기 때문이다. 이것은 통계적으로 위험이 큰 자산일수록 수익률의 표준편차가 커진다는 것을 의미한다.

6.2 미래의 불확실성을 전제로 한 위험과 기대수익률

(1) 개별 주식의 기대수익률과 분산

미래의 불확실성이 있는 것을 전제로 주식에 투자하는 경우의 투자 수익률과 위험에 대해서 살펴보자. 투자기간이 1년일 때 투자자가 선택할 수 있는 두 주식 A와 B가 있다고 하자. 주식 A와 주식 B의 수익률은 경제상황에 따라 〈표 6-1〉과 같이 달라진다고 예상된다. 주식 A는 경기가 호황이면 수익률이 50%이고 경기가 불황이면 -10% 이다. 주식 B는 경기가 호황이면 수익률이 10%이고 불황이면 20%이다. 이야기를 단순하게 하기 위해 호황과 불황이 발행할 확률은 50%라고 하자. 주식 A를 1년간 보유할 경우 기대되는 수익률 E(Ra)는 다음과 같이 계산된다.

$$E(R_a) = 0.5 \times 50\% + 0.5 \times (-10\%) = 20\%$$

주식 B의 기대수익률은 다음과 같다.

$$E(R_b) = 0.5 \times 10\% + 0.5 \times 20\% = 15\%$$

계산결과는 주식 A의 기대수익률이 주식 B보다 크다는 것을 보여준다. 그렇다면 투자자들이 두 주식 가운데 하나를 선택해야 한다면 어느 것을 선택해야 할까? 기대수익률만 고려한다면 투자자들은 당연히 A를 선택해야하지만 투자 위험을 고려한다면 반드시 그렇지는 않다. A주식은 호황일 때 50%의 수익률을 올리지만 불황일 때 -10%의 수익률을 올린다. 좋을 때와 나쁠 때의 수익률 차이가 60%이다. B주식은 좋을 때와 나쁠 때의 수익률의 차이가 10% 이다.

따라서 비록 기대수익률 측면에서 A는 B보다 우월하지만 좋을 때와 나쁠 때의 수익률의 차이 즉 변동성 측면에서는 B가 A보다 우월하다. 이런 점을 고려하면 A와 B 주식 가운데 하나를 선택하는 투자자는 기대수익률 뿐만 아니라 좋을 때와 나쁠 때의 수익률의 차이도 고려해야 한다. 좋을 때와 나쁠 때의 수익률의 차이는 수익률의 분산을 통해 보다 명확하게 나타낼 수 있다.

표 6-1 | 경제상황에 따른 주식의 수익률

경제상황	확률	수익률	
		A	B
호황	0.5	50%	10%
불황	0.5	-10%	20%

두 주식에 대한 수익률의 분산은 기본적으로 기대수익률로부터의 수익률의 편차로부터 계산된다. 편차의 제곱을 계산한 다음 편차의 제곱에 발생 확률을 곱해서 더한 것이 분산이다. 표준편차는 분산의 제곱근이다. 경제상황에 따라 발행하는 수익률이 기대수익률로부터 더 많이 분산되어 있으면 수익률의 분산은 커진다.

주식 A의 분산을 계산해보자. 주식 A의 기대수익률은 20%이다. 따라서 호황일 때의 수익률 50%의 편차는 50% - 20% = 30%이고 불황일 때의 수익률 -10%의 편차는 -10% -20 = -30%이며 분산은 다음과 같이 계산된다.

$$분산 = 0.5 \times (30\%)^2 + 0.5 \times (-30\%)^2 = 0.09$$

표준편차는 분산의 제곱근으로 다음과 같다.

$$표준편차 = 0.3$$

같은 방법으로 계산하면 주식 B의 분산은 0.0025이고 표준편차는 0.05이다. 예상한대로 주식 A의 분산이 주식 B보다 크다는 것을 알 수 있다.

지금까지 논의한 것을 종합하면 주식 A는 주식 B보다 기대수익률이 높지만 분산도 크다는 것을 알 수 있다. 투자자들이 A와 B 가운데 어느 것을 선택할지는 알 수 없다. 위험을 선호하는 투자자는 수익률의 분산이 커서 위험하지만 기대수익률이 높은 주식A를 선택할 것이고, 위험을 싫어하는 투자자는 기대수익률은 낮지만 안전한 주식 B를 선택할 것이다.

(2) 포트폴리오의 기대수익률과 위험

지금까지는 하나의 주식에 투자할 때 투자 위험이 그 주식의 수익률의 분산으로 측정될 수 있다는 것을 배웠다. 하지만 일반적으로 자기 재산을 하나의 주식에 전부 투자하는 투자자는 별로 없다. 대부분의 투자자들은 일반적으로 자기 재산을 하나의 주식에 투자하지 않고 여러 개의 주식들에 분산해서 투자한다. 투자위험이 커진다는 것을 본능적으로 알고 있기 때문이다. 투자자가 투자해서 보유하는 여러 개의 주식들을 포트폴리오(portfolio)라고 한다. 따라서 투자자가 투자전략을 세우기 위해서는 포토폴리오의 기대수익률과 분산을 계산하는 방법을 알아야 한다. 이하에는 포트폴리오의 기대수익률과 분산을 구하는 과정을 살펴본다.

앞에서 이야기한 A, B주식에 각각 절반씩 투자하여 포트폴리오를 구성한다고 하자. 포트폴리오의 기대수익률과 분산은 얼마가 될 것인가. 계산을 쉽게 하기 위해서는 A, B 주식에 절반씩 투자한 포트폴리오를 또 하나의 주식으로 생각하는 것이 좋다. 호황일 때 포트폴리오의 수익률은 $0.5 \times 50\% + 0.5 \times 10\% = 30\%$가 되고 불황일 때 포트폴리오의 수익률은 $0.5 \times (-10\%) + 0.5 \times (20\%) = 5\%$가 된다.

따라서 포트폴리오의 기대수익률은 다음과 같이 계산된다.

$$E(R_p) = 0.5 \times 30\% + 0.5 \times 5\% = 17.5\%$$

포트폴리오의 기대수익률을 계산하는 또 하나의 방법은 포트폴리오를 구성하는 개별주식의 투자비중을 가중치로 하여 개별주식의 기대수익률을 가중 평균하는 것이다. 이와 같은 방법으로 A, B에 절반씩 투자하는 포트폴리오의 기대수익률을 계산하면 다음과 같다.

$$
\begin{aligned}
E(R_p) &= 0.5 \times E(R_a) + 0.5 \times E(R_b) \\
&= 0.5 \times 20\% + 0.5 \times 15\% \\
&= 17.5\%
\end{aligned}
$$

지금까지 배운 것을 보다 일반화하여 포트폴리오를 구성하는 주식이 n개 있다고 하자. 그리고 포트폴리오에서 각각의 주식에 대한 투자 비중이 y_i 라고 하자. 이때 포트폴리오의 기대수익률을 구하는 식은 다음과 같이 나타낼 수 있다.

$$E(Rp) = y_1 \times E(R_1) + y_2 \times E(R_2) + \cdots + y_n \times E(R_n)$$

포트폴리오의 분산은 기대수익률을 구할 때와 마찬가지로 포트폴리오를 하나의 개별 주식으로 생각하면 쉽게 구할 수 있다. 앞서 이야기한 대로 A, B주식에 절반씩 투자하는 포트폴리오의 수익률은 호황일 때 30%, 불황일 때 5%이다. 포트폴리오의 기대수익률이 17.5%이므로 포트폴리오의 분산은 다음과 같이 계산된다.

$$\text{포트폴리오의 분산} = (30\% - 17.5\%)^2 \times 0.5 + (5\% - 17.5\%)^2 \times 0.5 = 0.015625$$

예제 6-1 **포트폴리오의 기대수익률과 분산**

경제상황에 따른 세 주식의 수익률이 다음과 같다.

경제상황	확률	주식 A	주식 B	주식 C
호황	0.5	20%	18%	10%
불황	0.5	10%	8%	6%

우선 A주식에 25%, B주식에 25%, 그리고 C주식에 50% 투자한 포트폴리오의 기대수익률과 분산을 구해보자.

해설 개별 주식의 기대수익률은 $E(R_a)$ = 15%, $E(R_b)$ = 13%, $E(R_c)$ = 8%이다. 따라서 포트폴리오의 기대수익률은 다음과 같이 계산된다.

$$E(R_p) = 0.25 \times 15\% + 0.25 \times 13\% + 0.5 \times 8\% = 11\%$$

포트폴리오의 분산을 구하기 위해서는 경제상황에 따른 포트폴리오의 수익률을 계산해야 한다. 호황일 때 포트폴리오의 수익률은 $0.25 \times 20 + 18 \times 0.25 + 10 \times 5 = 14.5\%$이고 불황일 때 포트폴리오의 수익률은 $0.25 \times 10 + 0.25 \times 8 + 0.5 \times 6 = 7.5\%$이다. 따라서 포트폴리오의 분산은 다음과 같이 계산될 수 있다.

$$= 0.5 \times (0.145 - 0.11)^2 + 0.5 \times (0.075 - 0.11)^2$$
$$= 0.001225$$

(3) 체계적 위험과 비체계적 위험

포트폴리오를 구성했을 때의 투자 위험에 대해 좀 더 깊이 있는 분석을 해보자. 투자자들이 하나의 주식에 투자하지 않고 포트폴리오를 구성하는 것은 포트폴리오를 구성함으로써 투자위험이 감소하기 때문이다. 개별주식에 투자하지 않고 여러 개의 주식들로 포트폴리오를 구성하면 개별 주식의 위험이 어느 정도 상쇄되어 포트포리오의 위험은 감소하게 된다. 포트폴리오를 구성함으로써 이른바 분산투자효과가 발생한다.

〈그림 6-2〉는 포트폴리오를 통한 분산투자효과가 어떻게 나타나는지를 보여주고 있는데 뉴욕 증권거래소에 상장되어 있는 주식들을 이용하여 포트폴리오를 구성하는 주식의 수와 포트폴리오 수익률의 표준편차 사이의 관계를 나타내고 있다. 이것을 보면 주식의 수가 늘어남에 따라 포트폴리오의 위험을 나타내는 수익률의 표준편차가 감소한다는 것을 알 수 있다.

하지만 포트폴리오를 구성하는 주식의 수가 10개 정도에 달하면 수익률의 표준편차 감소는 거의 한계에 이르고 주식의 수가 20~30개에 이르게 되면 그 이상으로 주식의 수를 증가시켜도 수익률의 표준편차는 더 이상 감소하지 않는다는 것을 알 수 있다. 〈그림 6-2〉에서 '분산가능위험'이라고 표시된 부분은 포트폴리오를 통해 분산투자해서 제거될 수 있는 위험을 말하고 있지만 포트폴리오를 통해 분산투자해도 제거할 수 없는 최소한의 위험수준이 있다는 것도 보여준다. 여기에서 '분산불가능 위험' 이라고 표시한 부분이 분산투자해도 제거할 수 없는 최소한의 위험수준을 나타낸다.

분산가능 위험과 분산불가능 위험을 각각 비체계적 위험(unsystematic risk)과 체계적 위험(systematic risk)이라고도 부른다. 비체계적 위험이란 특정 기업에만 적용되는 위험을 의미하고 체계적 위험이란 모든 기업에 적용되는 위험을 말한다.

예를 들어 반도체 가격 하락은 반도체를 생산하는 기업에만 영향을 주기 때문에 비체계적인 위험이라고 할 수 있다. 반면에 중앙은행의 갑작스러운 기준 금리 인상은 모든 기업의 주가에 부정적 영향을 주기 때문에 체계적 위험이라고 할 수 있다. 비체계적인 위험은 특정기업에만 고유하게 적용되는 위험이기 때문에 여러 개의 주식에 충분히 분산투자하면 여러 주식들에서 서로 상쇄되기 때문에 위험을 없앨 수 있다.

그림 6-2 | 구성주식의 수와 포트폴리오 표준편차

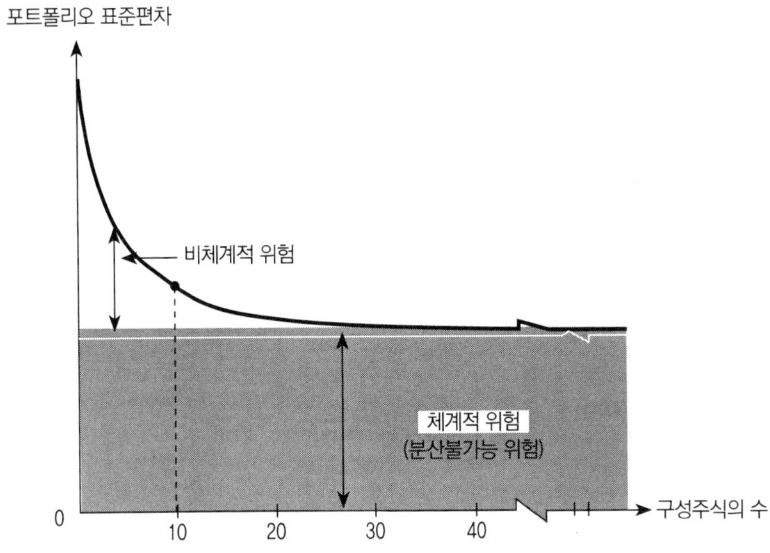

삼성전자와 현대자동차로 포트폴리오를 구성했을 경우 반도체 가격이 하락하면 삼성전자의 주가는 떨어지지만 원달러 환율이 상승하면 현대자동차 주가는 상승하게 되어 삼성전자 주가 하락과 현대자동차 주가 상승은 상쇄될 수 있다. 삼성전자의 주가하락과 현대자동차의 주가상승이 비체계적 위험에서 비롯된 것이기 때문에 서로 상쇄되는 것이다. 그러나 체계적 위험은 포트폴리오에 있는 모든 주식에 공통적으로 영향을 주기 때문에 분산투자를 통해 제거할 수 없다. 그래서 체계적 위험을 분산불가능 위험이라고도 부른다.

지금까지 배운 것을 바탕으로 주식투자 위험에 대해 다음과 같은 결론을 유도할 수 있다. 특정 주식의 투자 위험은 일단 그 주식의 수익률의 표준편차로 측정된다. 앞에서 배운 바와 같이 수익률의 표준편차가 클수록 특정 주식의 투자 위험이 높은 것처럼 보일 수 있다. 하지만 수익률의 표준편차를 바탕으로 어떤 주식이 다른 주식보다 투자위험이 더 크다고 이야기 할 수는 없다. 왜냐하면 수익률의 표준편차로 측정된 위험은 분산투자로 없앨 수 있는 비체계적 위험과 분산투자로 없앨 수 없는 체계적 위험으로 구성되고 이 가운데 비체계적 위험은 궁극적으로 사라지게 되어 있기 때문이다. 이것을 식으로 표현하면 다음과 같다.

총위험(수익률의 표준편차) = 체계적 위험 + 비체계적 위험

따라서 수익률의 표준편차로 측정된 총위험은 가짜위험이라고 할 수 있고 투자 전략을 위한 판단지표로 이용될 수 없다. 진짜위험은 분산투자로 제거될 수 없는 체계적 위험이고 이것만이 투자전략을 위한 판단지표로 이용될 수 있다.

투자자들은 특정 투자자산의 위험이 클수록 높은 수익률을 요구하게 되는데 다시 말하자면 투자자의 기대수익률이 커지게 되는 것을 의미한다. 이것은 과거 자본시장의 역사를 통해서도 확인된다. 위험이 높은 자산은 평균적으로 수익률이 더 높았다. 다시 말해서 평균적으로 보았을 때 투자자들은 위험을 감수한 것에 대해서 보상을 받았다. 여기서 중요한 것은 사전적으로 보았을 때 위험을 감수하는 것에 대한 보상이 진짜 위험인 체계적 위험에 의해서 결정되고 위험에 대한 보상은 궁극적으로 투자자의 기대수익률로 연결된다는 것이다. 단순히 수익률의 표준편차가 기대수익률에 영향을 주는 것이 아니라 비체계적 위험을 제거하고 남은 체계적 위험이 기대수익률을 결정하는 요인이 된다.

(4) 베타계수

체계적 위험은 베타계수로 측정된다. 베타계수는 일반적으로 β로 표시되며 시장포트폴리오에 비해 특정 주식의 체계적 위험이 어느 정도인지

를 측정한다. 종합주가지수를 시장포트폴리오로 보면 특정 주식의 베타는 종합주가지수 변화에 대한 그 주식의 상대적 변화 정도를 나타낸다. 예를 들어 삼성전자의 베타가 1.2라는 것은 종합주가지수가 오르고 내리는 것에 비해서 삼성전자 주가는 20% 정도 더 오르고 내린다는 것을 의미한다. 정의상 시장포트폴리오 자체의 베타는 1이고 무위험자산의 베타는 0이다.

여러 개의 주식들로 구성된 포트폴리오의 베타는 개별 주식의 베타를 가중 평균한 것이다. 이와 대조적으로 포트폴리오의 위험은 포트폴리오를 구성하는 개별 주식의 위험을 가중평균 한 것과 같지 않다.

포트폴리오 베타

다음과 같은 세 개의 주식들로 구성되는 포트폴리오가 있다고 하자.

주식	투자금액	베타
주식 A	100만원	0.7
주식 B	300만원	1.2
주식 C	600만원	0.9

이 포트폴리오의 베타는 다음과 같이 계산될 수 있다.

$$\beta_p = 0.7 \times 0.1 + 1.2 \times 0.3 + 0.9 \times 0.6 = 0.907$$

이 포트폴리오는 베타가 1보다 작기 때문에 시장포트폴리오로 대변되는 평균자산보다 체계적 위험이 더 작다.

예제 6-2 **총위험, 체계적 위험, 그리고 비체계적 위험**

두 증권의 투자위험에 대한 1차 정보가 다음과 같다.

	표준편차	베타
증권 A	30%	0.8
증권 B	15%	2.0

두 증권 가운데 어느 것의 비체계적 위험이 더 큰가?

해설 총위험은 표준편차로 측정되므로 주식 A가 주식 B보다 크다. 체계적 위험은 베타로 측정되므로 주식A가 주식 B보다 작다. 하지만 총위험은 체계적 위험과 비체계적 위험의 합이기 때문에 비체계적 위험은 체계적 위험이 더 작은 주식 A가 주식 B보다 더 크다.

(5) 증권시장선

지금부터 앞서 언급한 위험에 대한 보상이 구체적으로 어떻게 투자자의 기대수익률로 연결되는지를 분석해보자. 위험자산인 두 개의 주식 A와 B가 있다고 하자. 주식 A의 기대수익률은 15%이고 베타는 1.5이다. 주식 B의 기대수익률은 10%이고 베타는 0.9이다. 무위험자산 수익률은 5%이고 앞서 언급한 것처럼 베타는 0이다.

우선 주식 A와 무위험자산으로 구성된 포트폴리오를 고려해보자. 주식 A와 무위험자산에 대한 투자비중이 달라짐에 따라 여러 가지 포트폴리오가 만들어질 수 있고 각각의 포트폴리오의 기대수익률과 베타를 계산할 수 있다. 여러 포트폴리오들 가운데 주식 A에 30%투자하고 무위험자산에 70% 투자한 포트폴리오를 보자. 이 포트폴리오의 기대수익률과 베타는 다음과 같다.

기대수익률 = 0.3 × 15% + 0.7 × 5% = 8%

베타 = 0.3 × 1.5 + 0.7 × 0 = 0.45

주식 A에 대한 투자 비중을 변화시키면 이와 비슷한 방법으로 여러 가지 포트폴리오의 기대수익률과 베타를 구할 수 있다. 〈표 6-2〉는 주식 A와 무위험자산으로 이루어진 여러 가지 포트폴리오들의 기대수익률과 베타를 계산한 것이다. 〈그림 6-3〉은 〈표 6-2〉를 바탕으로 포트폴리오의 기대수익률과 베타와의 관계를 나타낸 것이다.

〈그림 6-3〉에서 주목할 것은 포트폴리오의 기대수익률과 베타와의 관계를 나타내는 직선의 기울기이다. 직선의 기울기는 포트폴리오를 구성하는 위험자산인 주식 A의 기대수익률에서 무위험자산 수익률을 뺀 값을 주식 A의 베타로 나눈 것이다. 주식 A의 기대수익률에서 무위험자산 수익률을 뺀 값은 투자자들이 주식 A에 대해서 요구하는 위험프리미엄이라고 할 수 있고, 주식 A의 베타는 주식 A의 진짜 위험인 체계적 위험이다.

따라서 〈그림 6-3〉의 직선의 기울기는 주식 A의 체계적 위험 한 단위당 위험프리미엄을 말하고 이것을 위험보상비율이라고 한다. 여기에서 주식 A의 위험보상비율은 (15%−5%)/1.5 = 6.67%임을 알 수 있다.

표 6-2 | **주식 A의 투자비중 변화에 따른 포트폴리오 기대수익률과 베타**

주식 A의 비중	포트폴리오 기대수익률	포트폴리오 베타
0	5%	0
30%	8%	0.45
50%	10%	0.75
100%	15%	1.5
150%	20%	2.25

그림 6-3 | 주식A 포트폴리오의 기대수익률과 베타

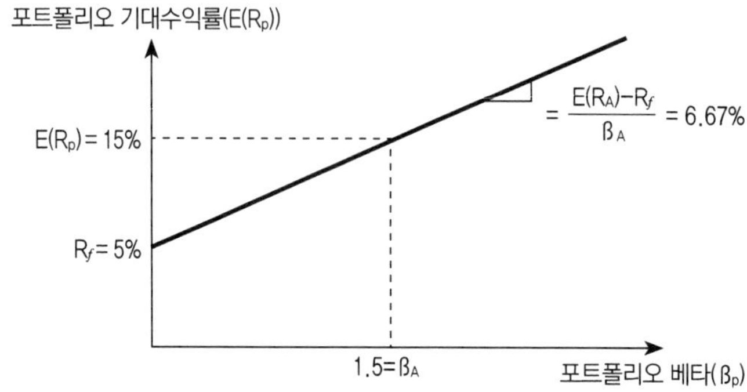

같은 방법으로 주식 B와 무위험자산으로 이루어진 포트폴리오의 기대수익률과 베타를 계산한 결과는 〈표 6-3〉이 보여주고 있고, 〈그림 6-4〉는 이것을 바탕으로 포트폴리오의 기대수익률과 베타사이의 관계를 나타내고 있다. 〈그림 6-4〉를 보면 주식 B의 위험보상비율이 (10% - 5%)/0.9 = 5.56%인 것을 알 수 있다.

표 6-3 | 주식 B의 투자비중 변화에 따른 포트폴리오 기대수익률과 베타

주식 B의 비중	포트폴리오의 기대수익률	포트폴리오 베타
0	5%	0
30%	6.5%	0.27
50%	7.5%	0.45
100%	10%	0.9
150%	12.5%	1.35

그림 6-4 | 주식 B 포트폴리오의 기대수익률과 베타

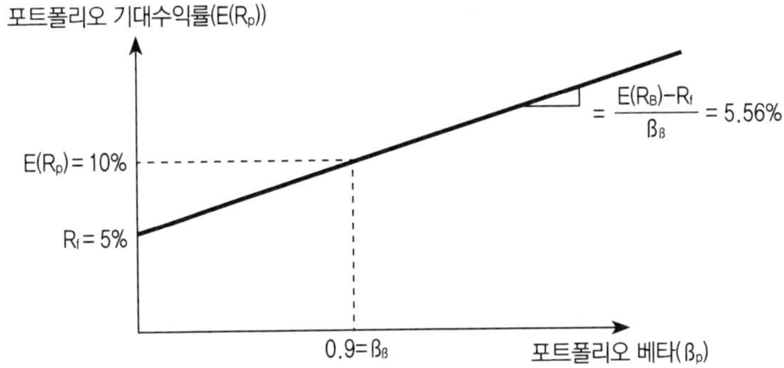

이상의 분석으로부터 우리는 〈그림 6-3〉의 기울기가 〈그림 6-4〉의 기울기보다 크다는 것을 알 수 있다. 다시 말해서 주식 A의 위험보상비율이 주식 B의 위험보상비율보다 크다. 따라서 포트폴리오를 구성할 때 무위험자산에 주식 B를 편입하는 것보다 주식 A를 편입하는 것이 더 좋다. 이런 분석에 입각하면 투자자들은 누구나 주식 A를 선호할 것이다.*

하지만 주식 A의 위험보상비율이 주식B의 위험보상비율보다 큰 상태는 오래 지속될 수 없다. 왜냐하면 투자자들이 주식 A를 사고 주식 B를 팔아 결과적으로 주식 A의 주가는 상승하고 주식 B의 주가는 하락하기 때문이다. 따라서 주식 A의 기대수익률은 하락하고 주식 B의 기대수익률은 상승하게 되면 궁극적으로 두 주식의 위험보상비율이 같아지게 된다.

* 이런 분석을 하지 않으면 투자자들은 주식 A와 주식 B 가운데 어느 것이 좋은지를 알 수 없다. 왜냐하면 주식 A는 체계적 위험이 크고 기대수익률도 크지만 주식 B는 체계적 위험이 작지만 기대수익률도 작으므로 어떤 투자자는 주식 A를 선택할 것이고 어떤 투자자는 주식 B를 선택할 것이다.

예제 6-3 **위험보상비율과 주식의 과대 평가**

다음 자료를 바탕으로 A와 B 주식 가운데 어느 것이 과대평가되었는지를 보자.

주식	기대수익률	베타
A	20%	1.5
B	17%	0.9

무위험이자율은 8%이다.

해설 자본시장의 균형 상태에서 두 주식의 위험보상비율이 동일해야 한다. 두 주식의 위험보상비율을 계산하면 A주식은 (20 - 8)/1.5 = 8, B주식은 (17 - 8)/0.9 = 10이다. 따라서 A주식은 B주식에 비해 위험보상비율이 작다. 이것은 A주식의 기대수익률이 B주식에 비해 작고 따라서 A주식의 가격이 B주식에 비해 과대평가되었다는 것을 의미한다. 투자자들은 A주식을 매도하고 B주식을 매수할 것이고 따라서 균형 상태에서 두 주식의 위험보상비율은 동일하게 된다.

주식 A, B 외에 다른 주식에 대해서도 동일한 이야기를 할 수 있다. 주식 A와 일시적으로 위험보상비율이 다른 어떤 주식도 위험보상비율의 차이에 따른 투자자들의 매매 과정을 거치면 위험보상비율이 주식 A와 같게 될 것이고 결국 모든 주식의 위험보상비율은 동일하게 된다.

모든 주식의 위험보상비율이 동일하다는 것은 모든 주식의 기대수익률과 베타가 하나의 직선상에 있다는 것을 의미한다. 증권시장에서 주식의 기대수익률과 베타와의 관계를 나타내는 이러한 직선을 증권시장선(security market line, SML)이라고 부른다.

예제 6-4 **자산의 과소평가 및 과대평가**

시장위험프리미엄이 6%, 무위험이자율이 5%라고 하자. 주식 A의 베타는 1.4, 기대수익률은 12%이고 주식 B의 베타는 0.6, 기대수익률은 9%이다. A와 B 가운데 어느 것이 과대평가되어 있는가?

해설 A와 B의 SML에 의한 요구수익률과 기대수익률을 비교하면 어느 것이 과대평가되었는지를 알 수 있다. 주식 A의 경우 SML에 의한 요구수익률은 5 + 6(1.4) = 13.4이고 기대수익률은 12%이다. 주식 B의 경우 SML에 의한 요구수익률은 5 + 6(0.6) = 8.6%이고 기대수익률은 9%이다.

주식 A에 대한 기대수익률이 요구수익률보다 작은 것은 현재 주식 A의 주가가 적정수준보다 과대평가되고 있기 때문이고, 주식 B의 기대수익률이 요구수익률보다 큰 것은 주가가 과소평가되고 있기 때문이다. A 주식은 과대평가되고 있는 반면, B 주식은 과소평가되고 있다.

여러 주식들로 구성된 포트폴리오도 하나의 주식으로 간주하면 앞서 이야기 한 것은 모든 포트폴리오의 기대수익률과 베타가 SML 선상에 있다는 것으로 일반화하여 이야기할 수 있다. 주식들로 구성된 포트폴리오 가운데 시장의 모든 주식으로 구성된 시장포트폴리오(즉 종합주가지수)도 SML 상에 있어야 한다. 앞서 이야기한 바와 같이 시장포트폴리오의 베타는 1이기 때문에 지금까지 이야기 한 것은 다음과 같은 식으로 연결될 수 있다.

$$(E(R_m)-R_f\ )\ /\ \beta_m = (E(R_m) - R_f)\ /\ 1 = (E(R_i)-R_f)\ /\ \beta_i$$

여기서 $E(R_i)$는 i 주식의 기대수익률
$E(R_m)$은 시장 포트폴리오의 기대수익률

β_i 는 i 주식의 베타
R_f는 무위험이자율을 나타낸다.

이 식을 다시 한 번 정리하면 다음과 같다.

$$E(R_i) = R_f + (E(R_m) - R_f)\beta_i$$

이 식은 앞서 이야기한 증권시장선(SML)을 보다 구체적으로 표현한 것으로 특정 주식의 기대수익률과 베타 사이의 관계를 나타내고 있으며 자본자산 가격결정모형(CAPM)이라고도 부른다. 이 식을 그림으로 그리면 〈그림 6-5〉와 같다. 자본자산 가격결정 모형은 특정 자산의 기대수익률이 다음 세 가지 요인에 의해 결정된다는 것을 말하고 있다.

첫째, 화폐의 시간적 가치를 나타내는 무위험이자율이다. 투자자들이 위험자산인 주식에 대해 요구하는 기대수익률은 최소한 투자기간동안의 화폐의 시간적 가치를 나타내는 무위험이자율 이상이어야 한다. 둘째, 시장포트폴리오의 위험보상율이다. 시장포트폴리오의 체계적 위험 즉 베타는 1이기 때문에 이것은 체계적 위험 한 단위에 대한 시장의 보상을 말하고 이것을 시장위험프리미엄이라고 한다. 셋째, 주식의 체계적 위험을 나타내는 베타이다.

〈그림 6-5〉는 SML에 대한 설명을 요약한 것으로 특정 위험자산의 베타와 기대수익률 사이의 관계를 나타낸다.

그림 6-5 | 증권시장선(SML)

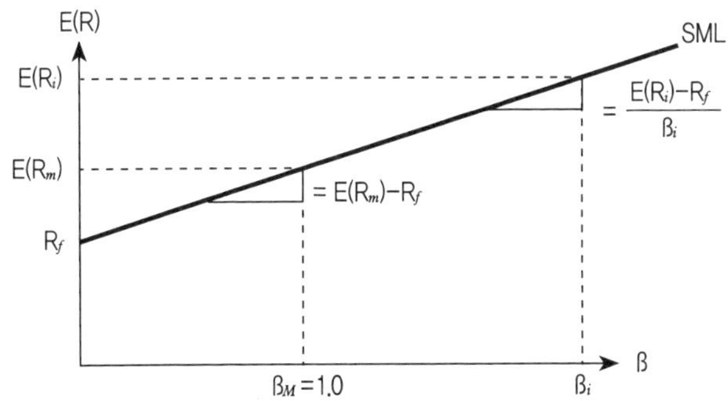

연습 문제

1 다음 표를 이용하여 두 주식의 기대수익률과 표준편차를 계산하시오.

경제상황	확률	주식 A의 수익률	주식 B의 수익률
불황	0.2	0.05	−0.15
정상	0.5	0.1	0.2
호황	0.3	0.15	0.3

2 다음 표를 이용하여 아래 물음에 답하시오.

경제상황	확률	주식 A의 수익률	주식 B의 수익률	주식 C의 수익률
호황	0.4	0.05	0.03	0.3
불황	0.6	0.2	0.25	0.12

각 주식에 동일하게 투자된 포트폴리오의 분산은 얼마인가?

3 주식 A에 30%, 주식 B에 20%, 주식 C에 50%를 투자한 포트폴리오가 있다고 하자. 각 주식의 베타는 각각 0.8, 1.1, 2.2이다. 이 포트폴리오의 베타는 얼마인가?

4 주식 A의 베타는 1.2, 기대수익률은 15%이다. 주식 B의 베타는 0.6, 기대수익률은 7%이다. 무위험이자율이 6%, 시장위험프리미엄이 6%라면 A와 B 주식 가운데 어느 것이 과대평가되어 있는가?

5 10억원을 주식 A, 주식 B, 그리고 무위험자산에 분산투자해서 시장과 동일한 위험을 갖는 포트폴리오를 만들려고 한다. A, B 두 주식의 베타는 각각 0.8, 1.5이다. 주식 A에 대한 투자액이 2억으로 고정되어 있다. 주식 B에는 얼마를 투자해야 하는가?

6 1억원을 주식 A, 주식 B, 그리고 무위험 자산에 분산투자해서 기대수익률이 15%이고 시장위험의 1.5배의 위험을 갖는 포트폴리오를 만들려고 한다. 주식 A의 기대수익률은 20%, 베타는 1.2이고, 주식 B의 기대수익률은 15%, 베타는 1.4이며 무위험 수익률은 5%이다. 주식 A에 얼마를 투자해야하는가?

7 주식 A의 기대수익률은 14%, 베타는 1.5이고 주식 B의 기대수익률은 9%, 베타는 0.9이다. 두 주식 A, B가 현재 모두 균형가격에 거래되고 있다면 무위험이자율은 얼마인가?

FINANCIAL MANAGEMENT

7장

자본비용

7.1 자본비용이란 무엇인가

자본비용의 의미를 이해하기 위해서는 앞서 배운 투자안 평가를 되돌아 볼 필요가 있다. 순현가법에 의하면 투자안의 순현가가 0보다 크면 투자안을 채택하게 되고 투자안의 순현가를 계산할 때 미래현금흐름을 요구수익률로 할인한다. 투자안 평가에서 요구수익률은 미래현금흐름의 현재가치를 계산하기 위한 할인율로만 간주되었지만 궁극적으로는 자본비용과 밀접하게 관련되어 있기 때문에 자본비용의 의미를 이해하기 위해서는 요구수익률이 무엇을 의미하는지 제대로 이해할 필요가 있다.

요구수익률이란 기업이 투자안을 채택하기 위해 필요로 하는 최소한의 수익률이라고 할 수 있다. 순현가법에 의하면 기업은 요구수익률로 할인한 미래현금흐름의 현재가치가 초기투자액보다 클 때 투자안을 채택하게 된다. 내부수익률 법에 의하면 투자안의 내부수익률이 요구수익률보다 커야 투자안을 채택하게 된다.

투자안의 자본비용이란 투자안에 투입되는 자본을 조달하기 위해 지불해야하는 최소한의 비용 혹은 투자안에 자금을 공급하는 투자자들이 요구하는 최소한의 수익률이라고 할 수 있다. 따라서 요구수익률과 자본비용은 동일한 개념이지만 요구수익률은 투자안을 통해 자금을 운용하는 입장에서 바라본 개념이고 자본비용은 자금을 조달하는 입장에서 바라본 개념이라고 할 수 있다. 보다 일반적으로 기업전체의 자본비용이란 기업이 사업에 소요되는 자금을 조달하기 위해 지불해야하는 비용이라고 말할 수 있다.

자본비용의 의미를 이해하는데 있어서 자본비용이 자본의 조달방법이 아니라 자본의 운용에 영향을 받는 것에 주목할 필요가 있다. 사업의 위험이 증가할수록 자본비용도 증가한다. 투자안으로 시각을 좁혀 말하면 투자안의 위험이 클수록 투자안의 자본비용은 더 커진다.

기업의 자본이 자기자본과 타인자본으로 구성되기 때문에 자본비용도 자기자본비용과 타인자본비용으로 분류할 수 있다. 자기자본비용은 기업에 자기자본을 공급하는 투자자, 다시 말해서 주주가 요구하는 수익률이고 타인자본비용은 기업에 타인자본을 공급하는 투자자, 다시 말해서 채권자가 요구하는 수익률이라고 할 수 있다. 기업 전체의 자본비용은 자기자본비용과 타인자본비용을 가중 평균한 가중평균자본비용(weighted average cost of capital)으로 계산할 수 있다.

다음에는 자본비용에 대한 지금까지의 기본 개념을 바탕으로 자기자본비용, 타인자본비용, 그리고 가중평균자본비용을 실제로 계산하는 방법을 살펴본다.

7.2 자기자본비용

자기자본비용은 자기자본을 공급하는 주주가 요구하는 수익률이다. 자금조달에 대한 이자율이 명시되어 있는 타인자본과 달리 자기자본은 비용이 명시되어 있지 않기 때문에 비용을 산출하는 것이 쉽지 않다. 자기자본비용이 주식에 대한 요구수익률이라고 보면 배당성장모형과 자본자산가격결정모형(CAPM)을 이용해서 구할 수 있다.

(1) 배당성장모형을 이용한 자기자본비용 추정

앞서 우리는 배당성장모형이 주식가치를 평가하는 편리한 방법이라고 배웠다. 배당성장모형에 주식에 대한 요구수익률이 포함되어 있기 때문에 자기자본비용은 배당성장모형에서 주식에 대한 요구수익률을 구함으로써 얻을 수 있다.

배당성장모형에 의하면 주가는 다음과 같다.

$$P = D_1 / (r - g)$$

여기서 D_1은 다음 기 배당, g는 배당성장율, r은 요구수익률이다.

이 식을 r로 바꾸어 표시하면 자기자본비용은 다음과 같이 표시할 수 있다.

$$r = D_1 / P + g \quad (7\text{-}1)$$

〈식 7-1〉은 자기자본비용이 배당수익률에 배당성장율을 더한 것임을 나타낸다. 이것은 주식에 투자하는 주주들이 배당수익률뿐만 아니라 기업의 성장을 요구한다는 직관과도 어느 정도 부합된다. 배당성장모형은 실무에서 비교적 쉽게 자기자본비용을 계산할 수 있다는 장점이 있지만 다음에 소개하는 CAPM에 비해 이론적으로 정교하지 못하고, 배당을 지급하거나 매년 배당이 일정비율로 성장하는 기업에만 적용된다는 단점이 있다.

예제 7-1 **배당성장모형을 통한 자기자본추정**

홍익기업의 올해 주당 배당은 1,000원이었고 향후 배당은 매년 5% 성장할 것으로 기대된다. 홍익기업 보통주의 현재 가격이 10,000원이라면 보통주의 자본비용은 얼마인가?

해설 식에 대입하면 자본비용은 다음과 같이 구할 수 있다.

$r = 1{,}050 / 10{,}000 + 5\% = 15.5\%$

(2) CAPM을 이용한 자기자본비용 추정

CAPM은 자본시장에서 주주들이 요구하는 수익률을 직접적으로 나타내기 때문에 그대로 자기자본비용 추정에 이용될 수 있다. CAPM에 의하면 주식에 대한 요구수익률은

$$R_i = R_f + (E(R_m) - R_f)\beta_i \qquad (7\text{-}2)$$

여기서 R_i는 i주식에 대한 요구수익률

R_f는 무위험이자율

$E(R_m) - R_f$는 시장위험프리미엄

β_i는 i 주식의 체계적 위험을 나타내는 베타

CAPM을 이용한 자기자본비용 계산은 배당 지급 여부에 관계없이 모든 공개기업에 대해서 측정이 가능하고 주식의 체계적 위험을 명시적으로 고려하여 측정한다는 장점이 있지만 시장위험프리미엄과 베타계수를 추정하는 것이 매우 어렵기 때문에 실무에 적용해 보면 심한 추정오차가 발생한다는 단점을 갖고 있다.

예제 7-2 **CAPM을 이용한 자기자본비용 추정**

홍익기업 주식의 베타가 1.5라고 하자. 시장포트폴리오의 기대수익률이 12%이고 무위험이자율이 5%라고 할 때 홍익기업 보통주의 자본비용은 얼마인가?

해설 〈식 7-2〉에 주어진 자료를 대입하면

$$E(R_i) = 5\% + (12\% - 5\%) \times 1.5 = 15.5\%$$

따라서 홍익기업 보통주의 자본비용은 15.5%이다.

7.3 타인자본비용

타인자본비용은 기업이 회사채 발행이나 금융기관 차입을 통해 타인자본을 사용할 때 지불해야하는 비용을 말한다. 회사채 발행이나 금융기관 차입에는 기업이 지불해야하는 이자가 명시되어 있기 때문에 타인자본비용 계산은 자기자본 비용 계산보다 쉽다.

타인자본비용은 기본적으로 기업이 은행차입이나 회사채에 대해 지불하는 이자이지만 여기서 주의해야할 점은 부채에 대한 이자지급이 법인세 차감 전 비용항목이기 때문에 과세대상 이익을 줄여주는 감세효과가 있다는 것이다. 다시 말해서 기업은 타인자본을 사용하면 정부로부터 일정한 보조금을 받는 셈이기 때문에 타인자본비용은 실제 지불한 이자비용보다 적다는 것이다. 차입금을 D, 차입금에 대한 지급이자가 I, 법인세율이 t라고 하면 기업은 법인세를 I×t 만큼 절약할 수 있다. 따라서 타인자본비용은 다음과 같이 나타낼 수 있다.

$$Rd = (I - I \times t) / D = I \times (1-t) / D \qquad (7\text{-}3)$$

물론 타인자본비용의 법인세 절감효과는 기업이 실제로 법인세를 부담하는 경우에만 가능하다. 만약 어떤 기업이 법인세를 면제받거나 영업이익이 이자비용보다 적어 법인세 과세대상인 세전 순이익이 없는 경우에는 부채비용은 지급이자를 차입금으로 나눈 값이다.*

예제 7-3 법인세 절감효과를 고려한 타인자본비용 계산

홍익기업은 은행으로부터 1,000억원을 연 7%의 이자율로 차입했다. 이 기업의 영업이익이 200억 원이고 법인세율이 40%이면 홍익기업 은행차입의 자본비용은 얼마인가?

해설 식 〈7-3〉에 주어진 자료를 대입하면 부채의 자본비용은 다음과 같이 계산된다.

(70억 × (1-0.4) / 1,000억 = 4.2%

우선주의 자본비용

우선주는 의결권이 없지만 배당이 우선적으로 지불되는 주식을 말한

* 신규발행 회사채의 자본비용은 이미 발행되어 유통 중인 회사채의 만기수익률로 측정할 수 있다.

다. 이러한 우선주의 특징 때문에 우선주는 배당이 확정적으로 지불되는 것을 전제로 한다면 일정한 배당을 영구히 지급하는 영구채권이라고 볼 수 있다. 따라서 우선주의 자본비용은 다음 식에서 보는 바와 같이 우선주의 배당수익률이다.

$$R_p = D / P \qquad (7\text{-}3)$$

여기서 D는 영구히 지급되는 우선주에 대한 배당
P는 우선주의 현재가격이다.

예제 7-4 우선주의 자본비용 계산

홍익기업이 발행한 우선주는 액면가가 5,000원이고 매년 액면가에 대해서 10%의 배당을 지급할 것으로 기대된다. 우선주의 현재 시장가격이 10,000원이고 법인세율이 40%라면 이 우선주의 자본비용은 얼마인가?

해설 〈식 7-3〉에 주어진 자료를 대입하면 우선주의 자본비용은 다음과 같이 계산된다.

500 / 10,000 = 5%

7.4 가중평균자본비용

가중평균자본비용(weighted average cost of capital)은 기업의 자금조달 원천별 자본비용을 가중평균한 것이며 일반적으로 기업의 자본비용은 가중평균자본비용을 말한다. 기업의 가중평균자본비용은 다음과 같은 식으로 나타낼 수 있다.

$$R_o = R_d \frac{D}{V} + R_p \frac{P}{V} + R_e \frac{S}{V}$$

여기서 V는 기업가치(D+P+S)
D는 부채의 가치
P는 우선주의 가치
S는 보통주의 가치를 나타낸다.

예제 7-5 **가중평균 구하기**

홍익기업은 100만주의 주식을 발행했다. 현재 주식은 주당 2만2천원에 거래된다. 이 기업이 발행한 회사채는 시장에서 거래되고 있는데 현재 가격은 액면가의 90%이다. 회사채의 총 액면가는 200억원이고 현재 만기수익률은 11%이다. 무위험이자율은 5%, 시장위험프리미엄은 7%이다. 주식의 베타는 0.9, 법인세율이 40%라면 이 기업의 가중평균자본비용은 얼마인가?

해설 SML로부터 자기자본비용은 5% + 0.9 × 7% = 11.3%이다. 자기자본의 총가치는 100만주 × 2만2천원 = 220억원이다. 세전 부채의 자본비용은 회사채 만기수익률인 11%이다. 회사채의 시장가치는 0.9 × 200억 = 180억이다. 자기자본과 부채의 총시장가치는 220억 + 180억 = 400억이고, 총자본에서 자기자본이 차지하는 비중은 55%, 부채의 비중은 45%이다. 따라서 가중평균자본비용은 다음과 같이 계산된다.

$$\begin{aligned} WACC &= 0.55 \times 11.3\% + 0.45 \times 11\% \times (1-0.4) \\ &= 9.232\ \% \end{aligned}$$

7.5 사업부 자본비용

사업부 자본비용은 기업전체의 자본비용과 다르다. 기업전체의 자본비용이 기업전체의 위험을 감안하여 투자자들이 요구하는 수익률인 것처럼 사업부 자본비용은 사업부의 위험을 감안해서 투자자들이 요구하는 수익률이기 때문이다. 사업부 자본비용을 계산할 경우 이론적으로 사업부의 베타를 구하는 어려움이 있지만 사업부 자본비용은 기업전체의 자본비용과 구분되어야 한다. 사업부 자본비용과 기업전체의 자본비용을 제대로 구분하지 못할 경우 어떤 오류가 발생하는지를 보자.

〈표 7-1〉은 어떤 기업이 세 가지의 사업별 위험도를 갖고 있음을 보여주고 있다.

표 7-1 | **사업별 위험**

위험의 정도	사업의 예	베타
높은 위험	신제품 개발 사업	1.1
중간 위험	비용절감을 위한 설비교체	
낮은 위험	기존장비 교환	0..5

그림 7-1 | **증권시장선과 가중평균자본 비용**

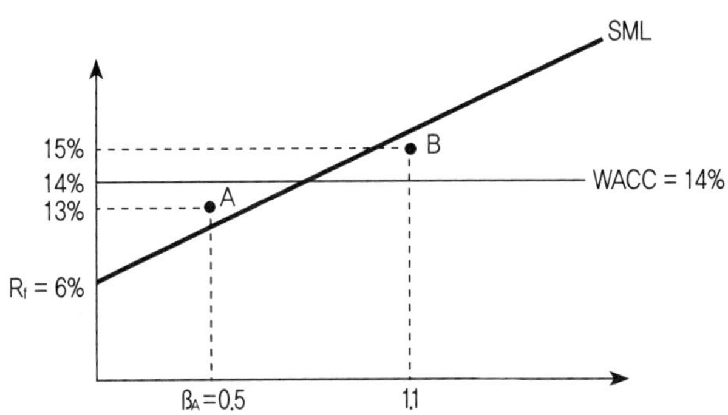

〈그림 7-1〉은 가중평균자본비용과 증권시장선을 보여주고 있다. A점은 기대수익율이 13%인 기존장비 교환사업을 나타내고 있고 B점은 기대수익율이 15%인 신제품 개발사업을 나타내고 있다. 시장위험프리미엄이 9%이고 무위험이자율은 6%이다. 기존장비 교환사업의 자본비용은 6% + 0.5 × 9% = 10.5%이고, 신제품 개발사업의 자본비용은 6% + 1.1 × 9% = 15.9%이다. 기업전체의 자본비용을 나타내는 가중평균자본비용은 14%이다. 기업전체의 자본비용을 나타내는 가중평균자본비용을 기준으로 두 사업을 평가하면 B는 채택되고 A는 기각된다. 하지만 A의 경우 기대수익률이 가중평균비용보다는 작지만 사업의 자본비용보다는 크다. 따라서 가중평균자본비용을 기준으로 A사업을 기각하는 것은 잘못된 결정이다. 한편 B의 기대수익률이 가중평균자본비용보다 크지만 사업의 자본비용보다 작다. 따라서 가중평균자본비용을 기준으로 B 사업을 채택하는 것도 잘못된 결정이다.

이처럼 가중평균자본비용을 기준으로 기업 내 개별 사업을 평가하면 투자안 채택 여부 의사결정이 잘못될 수 있다. 앞서 이야기한 것처럼 이론적으로는 개별 사업을 별도의 기업으로 간주하고 베타를 추정해서 자본비용을 구해야 한다. 하지만 실무적으로 개별 사업의 베타를 구하는 것이 어렵기 때문에 사업별로 베타를 추정하는 대신 가중평균자본비용으로 측정한 기업전체의 자본비용을 기준으로 위험이 높은 사업과 낮은 사업의 자본비용을 조정하는 방법을 사용한다.

이처럼 사업부별로 투자안의 위험을 반영한 자본비용을 사업부별 자본비용(divisional cost of capital)이라고 한다. 앞의 예에서 위험을 반영한 사업별 자본비용 조정이 제대로 이루어져서 A의 자본비용이 10.5%가 되고 B의 자본비용이 15.9%가 되면, B는 기각되고 A는 채택된다.

1 한국기업 주식의 베타는 1.3이다. 시장위험프리미엄은 7%이고 무위험수익률은 3%이다. 한국기업의 최근 배당금은 주당 500원이었고 배당은 연간 6%로 영원히 성장할 것으로 예상된다. 한국기업의 주가가 10,000이라면 한국기업의 자기자본비용은 얼마인가?

2 자기자본으로만 구성되어 있는 기업이 다음과 같은 신규 사업을 고려하고 있다. 무위험수익률은 5%이고, 시장의 기대수익률은 12%이다. 회사의 자본비용은 14%이다. 세 가지 신규 사업 가운데 어떤 사업을 채택해야하는가?

신규사업	베타	기대수익률
A	0.5	10%
B	0.9	11%
C	1.8	17%

3 ABC기업은 다음과 같이 자금을 조달하고 있다. ABC 기업의 가중평균자본비용을 구하시오. 시장위험프리미엄은 6%, 무위험이자율은 4%, 법인세율은 40%이다.

채권 : 액면가 총액 5억원, 액면이자율 10%, 만기 10년, 시장가격은 액면가 대비 98.5%

보통주 : 주가 5,000원, 발행주식수 10만주, 베타 1.5

우선주 : 주가 3,000원, 발생주식수 5만주, 주당 배당금 300원

4 가나다 기업의 보통주 베타는 1.5, 무위험 수익률은 6%이고 시장기대수익률이 10%라면 이 기업의 자기자본비용은 얼마인가?

5 한국기업의 부채는 액면가 100억의 108%에 거래되는 만기 10년의 회사채로만 구성되어 있다. 회사채의 액면이자율은 6%이며 6개월에 한번씩 이자를 지급한다. 법인세율이 40%라면 한국기업의 부채 자본비용은 얼마인가?

8장

자본구조

자본구조는 기업의 자금조달이 어떻게 이루어지고 있는가를 나타내는데 전체자금조달에서 타인자본, 즉 부채가 차지하는 비중을 말한다. 앞 장에서 자본비용을 배울 때 기업의 자본구조는 주어진 것으로 간주하였다. 하지만 현실적으로 기업은 적극적으로 자기가 원하는 자본구조를 선택할 수 있다. 예를 들어 IMF 경제위기 시절 우리나라 기업들의 부채의존도가 지나치게 높은 것이 문제가 되었고 부채의존도를 낮추려는 정부의 정책에 따라 우리기업들은 적극적으로 부채의존도를 낮추어왔다. 기업은 주식을 발행해서 그 대금으로 부채의 일부를 상환함으로써 부채의존도를 낮출 수 있다. 기업은 투자를 위한 자금을 차입이 아니라 영업활동을 통해 조달함으로 장기적으로 부채의존도를 낮출 수 있다. 기업이 적극적으로 자본구조를 조정하는 것은 자본구조가 기업가치와 자본비용에 영향을 줄 수 있기 때문이다.

따라서 본장에서 공부해야할 주요 내용 가운데 하나는 기업가치를 최대화시키거나 자본비용을 최소화시키는 최적자본구조에 대한 것이다. 앞 장에서 자본비용과 관련하여 가중평균자본비용(WACC)를 배웠다. 가중평균자본비용은 자본구조를 구성하는 여러 가지 조달원의 비용을 가중 평균한 것이며 기업전체의 자본비용을 나타낸다. 가중평균자본비용이 기업전체의 현금흐름에 대한 적절한 요구수익률 혹은 할인율이라는 것을 감안하면 가중평균자본비용이 최소화될 때 기업가치가 극대화된다. 따라서 가중평균자본비용을 최소화하는 자본구조가 기업의 최적자본구조가 된다.

8.1 재무레버리지 효과

기업에 자기자본을 공급하는 주주가 부담하는 위험에는 기업의 영업이익이 불확실하기 때문에 발생하는 경영위험과, 타인자본을 사용함으로써 발생하는 재무위험이 있다. 경영위험(business risk)은 미래 영업이익의 불확실성을 말하는데 본질적으로 투자의사결정에 따르는 위험이다. 이에 반해 재무위험(financial risk)은 타인자본의 사용에 따라 발생한다. 기업이 타인자본을 사용하면 원금과 이자를 갚아야하기 때문에 주주에게 돌아가는 미래 이익의 불확실성이 커진다. 따라서 자본구조를 공부하기 위해서는 기본적으로 재무위험을 상세히 살펴 볼 필요가 있다.

재무위험은 재무레버리지 효과라고 부를 수 있다. 재무레버리지(financial leverage)란 자금조달에서 타인자본이 차지하는 비중을 말하는데 재무레버리지 효과란 재무레버리지가 클수록 영업이익 변화에 따른 주주 이익의 변동성이 커지는 것을 말한다. 재무레버리지가 높으면 영업이익이 조금만 증가해도 주주에게 돌아가는 이익이 확대된다. 한편 재무레버리지가 높을 때 영업이익이 감소하면 주주에게 돌아가는 이익이 감소되고, 영업이익이 이자비용을 부담하지 못할 정도가 되면 기업이 파산할 수도 있다.

예제 8-1 홍익기업은 자기자본 100억원으로 설립되었다. 1주당 주가는 10만원이다. 이 기업의 영업이익은 호황기에 10억원, 정상기에 6억원, 그리고 불황기에는 3억5천만원이 될 것이다. 홍익기업이 자기자본 50억원, 타인자본 50억원으로 자본구조를 변경할 수 있다고 하자. 이자율이 6%이고 법인세가 없다면 자본구조 변경 전과 변경 후에 경기상황에 따른 영업이익과 주당이익은 얼마가 되는가?

해설 〈표 8-1〉은 자본구조 변경이 주당순이익(EPS)에 미치는 영향을 보여준다.

표 8-1 | **자본구조 변경이 주주이익에 미치는 영향**

	자본구조 변경 전			자본구조 변경 후		
	불황	정상	호황	불황	정상	호황
영업이익	3억 5천	6억	10억	3억5천	6억	10억
이자	0	0	0	3억	3억	3억
순이익	3억 5천	6억	10억	5천	3억	7억
	(주식 수 = 100,000)			(주식 수 = 50,000)		
EPS	3,500	6,000	10,000	1,000	6,000	14,000

그림 8-1 | **재무레버리지효과**

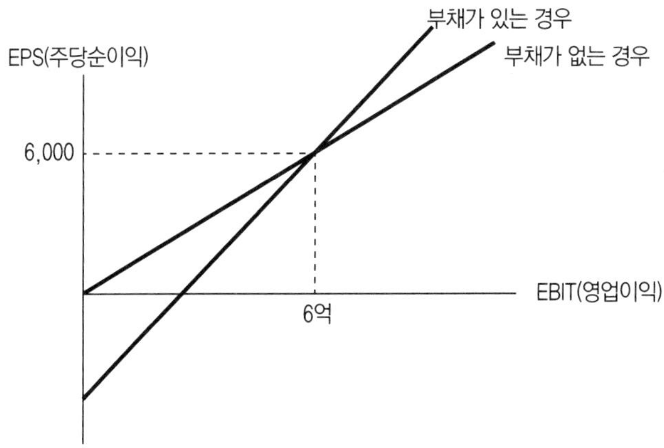

앞의 예제에서 영업이익은 동일하지만 타인자본 사용으로 재무레버리지가 증가하면 주당순이익이 경기상황에 따라 크게 변동함을 알 수 있다. 〈그림 8-1〉을 보면 타인자본을 사용하여 자본구조를 변경하면 영업이익과 주당순이익의 관계를 나타내는 직선의 기울기가 더 가파르게 된다는 것을 알 수 있는데 이것이 바로 재무레버리지 효과라고 할 수 있다.

재무레버리지 효과만 고려하면 자본구조가 기업가치에 어떤 영향을 주는지 알 수 없다. 영업이익이 일정 수준 이상이면 타인자본 사용이 기업가치를 증가시키지만, 영업이익이 일정 수준 이하인 경우 타인자본 사용이 기업가치를 감소시키기 때문이다.

8.2 자본구조이론 : MM 이론

MM이론이 등장하기 이전의 전통적 자본구조이론에 의하면 투자로부터 발생하는 현금흐름으로 평가되는 것 이상으로 기업가치를 증가시킬 수 있는 최적자본구조가 존재하였다. 예를 들어 부채를 적절히 사용하면 가중평균자본비용을 최소화시킬 수 있고 따라서 기업가치가 극대화될 수 있다는 것이 당연한 것으로 받아들여졌다. 그러나 MM은 1958년에 발표한 논문을 통해 본질적으로 기업 가치는 자본구조와 관련이 없다는 것을 보여주었다. 이들은 기업 가치는 투자로부터 나오는 미래 현금흐름에 의해서 결정되고 자금의 조달 방법과는 관련이 없다고 주장하였다.

MM이론의 가정과 명제

MM의 무관련이론(irrelevance theory)은 다음과 같은 가정을 바탕으로 한 두 가지 명제들로 이루어진다.

첫째, 자본시장이 완전하다. 법인세 등 세금과 파산비용이 없고 대출금리와 차입금리가 동일하다.

둘째, 기업의 영업이익은 주어진 투자결정으로부터 생겨나는 영구 현금형태로 고정되어 있다.

(1) MM 명제 1 : 기업가치는 자본구조와 무관하다.

MM 명제 1의 의미는 다음과 같다. 기업 가치는 투자로부터 발생하는 미래 현금흐름의 크기에 따라 결정된다. 자본구조는 투자로부터 창출되는 현금흐름을 주주와 채권자에게 분배하는 데만 영향을 주고 기업 가치에는 영향을 주지 않는다.

기업가치가 자본구조와 무관하다는 것은 이른바 파이모형을 통해 보다 쉽게 설명할 수 있다. 〈그림 8-2〉에서와 같이 파이의 크기가 동일한 두 기업을 고려해보자. 그림에서 파이는 현금흐름을 통해 창출되는 기업가치라고 볼 수 있다. 두 기업은 사업을 위한 자금을 다른 방법으로 조달했지만 자산과 경영활동은 완전히 동일하다. 이 그림은 동일한 파이를 어떻게 나누든 그 크기는 달라지지 않는다는 것을 보여준다.

그림 8-2 | **자본구조와 파이모형**

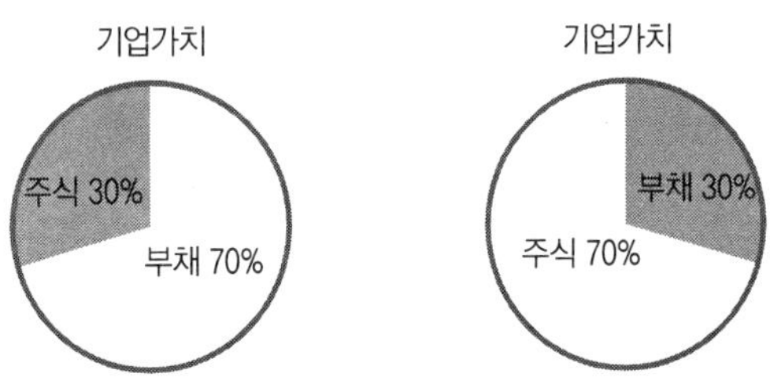

다음 예는 MM 명제 1의 의미를 쉽게 설명해준다.

예 자산이 동일하고 미래현금흐름도 동일하지만 자본구조만 다른 홍익 A기업과 홍익 B기업을 보자. 홍익 A기업과 홍익 B기업은 동일한 산업에 속하며 10억원의 자산을 보유하고 있고, 매년 2억 원의 현금흐름을 만들어낸다. 홍익

A기업은 주식만으로 10억 원의 주식자금을 조달했고, 홍익 B기업은 주식으로 8억원, 채권으로 2억원을 조달했다. 홍익 B기업은 채권에 대해 5%의 이자를 지급한다.

홍익 A기업은 현금흐름 2억이 모두 주주에게 돌아가고, 홍익 B기업은 현금 2억 가운데 1억 9천만 원은 주주에게, 1,000만원은 채권자에게 돌아간다. 두 기업은 동일한 영업현금흐름을 갖지만 주주와 채권자에게 귀속되는 부분만 다르기 때문에 기업가치는 동일하다. 자본구조를 변경해도 기업전체의 현금흐름은 변화하지 않으므로 기업가치도 변하지 않는다.

앞의 예에서 홍익 A기업의 주식가치가 10억이라 하고, 홍익 B기업의 주식가치는 8억이 아니라 9억이라고 하자. 홍익 B기업의 가치가 11억 원이 되어 홍익 A기업의 가치 10억보다 커지게 되면 홍익 B기업의 주식과 채권을 보유한 투자자는 어떻게 행동할까? 동일한 산업에서 동일한 현금흐름을 갖게 되는 두 기업의 가치는 이론적으로 같아야 하기 때문에 투자자는 상대적으로 과대평가된 홍익 B기업의 주식과 채권을 팔고 상대적으로 과소평가된 홍익 A기업의 주식을 사 이익을 얻게 될 것이다.

예를 들어 홍익 B기업의 주식과 채권을 모두 소유한 투자자는 주식과 채권을 모두 팔면 11억원을 받게 되고 이 가운데 10억을 들여 홍익 A기업을 인수할 것이다. 이렇게 하면 투자자는 홍익 B기업과 동일한 현금흐름을 갖는 홍익 A기업을 인수하고 1억원을 벌게 된다. 이와 같은 거래가 시장에서 반복되면 홍익 A기업의 주가는 상승하고 홍익 B기업의 주가는 하락하여 결국 두 기업의 가치는 동일하게 될 것이다. 이것을 통해 우리는 기업가치가 자본구조와 관련이 없다는 것을 다시 확인할 수 있다.

(2) MM 명제 2

기업의 자기자본비용은 부채비율이 증가함에 따라 함께 증가한다.

자본구조는 기업가치에 영향을 주지 못하지만 자기자본비용에는 영향을 미친다. 부채비율이 증가함에 따라 자기자본비용이 어떻게 영향을 받는지를 살펴보자. 법인세가 없는 경우 가중평균자본비용은 다음과 같다.

$$WACC = (E/V) \times R_e + (D/V) \times R_d$$

여기서 V= E + D 이다.

가중평균자본비용을 기업전체자산에 대한 요구수익률로 본다면 다음과 같이 쓸 수 있다.

$$R_a = (E/V)R_e + (D/V)R_d$$

이것을 자기자본비용으로 다시 쓰면

$$R_e = R_a + (R_a - R_d) \times (D/E) \quad (8\text{-}1)$$

이것이 MM 명제 2로, 자기자본비용이 부채비율이 증가함에 따라 증가한다는 것을 보여준다. MM 명제 2는 기본적으로 부채비율이 증가하면 자기자본의 위험이 증가하고 주주들은 늘어난 위험을 보상받기 위해 더 큰 수익을 요구한다는 것을 말하고 있다. 〈그림 8-3〉은 〈식 8-1〉을 그림으로 나타낸 것이다.

〈그림 8-3〉에서 주목할 것은 가중평균자본비용은 부채비율과 관계없이 일정하다는 것이다. 이것은 기업의 전체적인 자본비용은 자본구조와 관련이 없다는 것이며, MM 명제 1을 설명하는 다른 방법이다. 부채의 자본비용이 자기자본 비용보다 낮은 것은 부채비율 증가에 따른 자기자본비용 증가로 상쇄되어 기업전체자본 비용은 부채비율과 관계없이 일정하고 따라서 기업가치도 일정하다.

그림 8-3 | 자기자본비용과 WACC : 법인세가 없는 경우의 MM 명제 1과 2

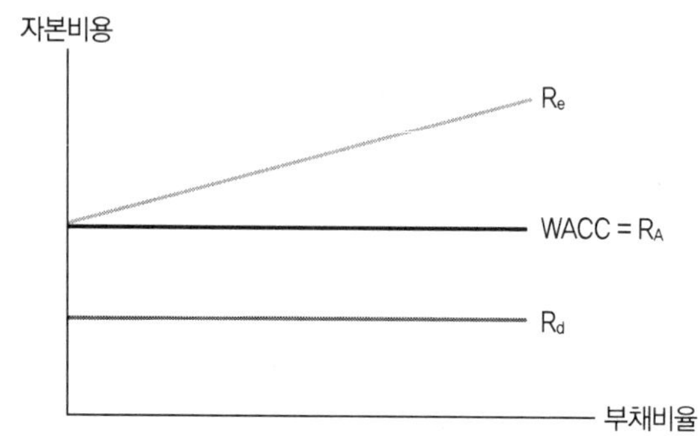

MM 명제 2는 기업의 자기자본비용이 두 가지 요소를 합친 것으로 두 요소가 각각 다른 위험을 반영하고 있다는 것을 보여준다. 첫 번째 요소인 R_a는 기업자산 전체의 요구수익률로 이것은 자기자본의 영업위험(business risk)을 반영한다. 두 번째 요소인 $(R_a-R_d)\times(D/E)$는 기업의 자본구조에 의해 결정된다. 이 요소는 부채비율이 증가함에 따라 증가하는데 자기자본 비용은 부채증가에 따른 위험을 반영하여 증가하게 된다. 따라서 이 요소는 자기자본의 재무위험(finance risk)을 반영한다고 볼 수 있다. 이상을 종합하면 부채비율이 증가하면 영업위험은 변하지 않지만 자기자본의 재무위험이 증가하기 때문에 자기자본비용이 증가한다.

(3) 법인세를 고려한 MM 이론

지금까지는 법인세가 없다는 가정을 바탕으로 기업가치가 자본구조와 관련이 없다는 것을 이야기 했다. 그러나 기업이 부채를 사용하면 지급이자가 세전비용으로 처리되기 때문에 법인세를 절감할 수 있다. 따라서 법인세가 있는 경우 기업은 자기자본보다 부채를 선호하게 될 것이고 부채 사용을 최대한 늘리려고 할 것이다. 아래에서 법인세가 있는 경우 자본구조와 기업가치 사이의 관계를 보다 구체적으로 살펴보겠다.

법인세가 존재하는 경우 부채를 사용하는 기업의 현금흐름을 주주와 채권자의 현금흐름으로 나누어보자. X를 주어진 투자로부터 영구히 발생하는 영업현금흐름, D를 영구채, T를 법인세라고 하자. 주주에게 돌아갈 현금흐름은 X에서 지급이자와 법인세를 차감한 것이고, 채권자에게 돌아갈 현금흐름은 지급이자이다. 따라서 법인세가 존재하는 경우 부채를 사용하는 기업의 가치를 결정하는 현금흐름은 주주와 채권자의 현금흐름을 합친 것으로 다음과 같이 나타낼 수 있다.

$$
\begin{aligned}
CF &= (X - R_d \times D)(1-T) + R_d \times D \\
&= X(1-T) + R_d \times D \times T
\end{aligned}
$$

이 식에서 첫 번째 항은 부채를 사용하지 않는 기업에서 법인세 공제 후 주주에게 돌아가는 현금흐름이고, 두 번째 항은 부채를 사용함으로써 얻을 수 있는 법인세 절감액이다. 따라서 부채를 사용하는 기업의 현금흐름은 부채를 사용하지 않는 기업의 현금흐름보다 부채사용에 의한 법인세 절감액만큼 크다. 부채사용에 의한 법인세 절감액은 영구히 계속되기 때문에 부채사용에 의한 법인세 절감액의 현재가치는 다음과 같은 식으로 나타낼 수 있다.

$$(R_d \times D \times T) / R_d = D \times T$$

부채를 사용하는 기업의 가치를 V_L, 부채를 사용하지 않는 기업의 가치를 V_U 라고 하면 다음과 같은 식이 성립한다.

$$V_L = V_U + D \times T$$

그림 8-4 | 법인세가 있는 경우의 자본구조와 기업가치의 관계

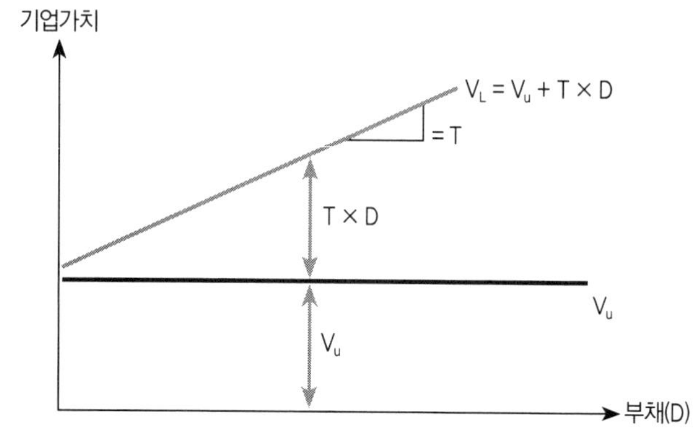

(4) 파산비용과 최적자본구조

앞에서 살펴보았듯이 법인세 절감효과를 고려하면 기업은 가능한 한 부채사용을 늘릴 것이다. 그러나 실제 기업의 부채비율을 보면 일정 수준을 넘지 않는다. 왜 그럴까? 기업이 법인세 절감 효과를 노리고 부채비율을 계속 증가시키면 부채의 원금과 이자를 제대로 상환하지 못하는 상황에 처할 위험이 증가하기 때문이다. 이것은 기업이 파산할 가능성이 커지고 이에 따라 이른바 파산비용이 발생하게 됨을 의미하는데 파산비용은 직접파산비용과 간접파산비용으로 구분할 수 있다.

가. 직접파산비용

기업의 파산과정에서 법적 절차를 거치기 위해 비용이 발생할 수 있다. 또한 기업이 파산하게 되면 보유자산이 시장가격보다 낮게 처분될 수 있는데 이러한 가치손실도 직접파산비용의 일부가 될 수 있다.

나. 간접파산비용

파산 위험에 처한 기업은 파산을 방지하기 위해 여러 가지 회생절차를 거치게 되고 이러한 절차를 거치는 동안 비용이 발생하는데 이런 비용을 간접파산비용이라고 한다. 간접파산비용은 재무적 곤경 비용(financial distress cost)이라고도 부른다. 예를 들어 기업의 파산가능성이 높아지면 매출이 감소하거나 자금조달에 어려움을 겪을 수 있다. 또한 파산을 회피하기 위해 기업이 구조조정 절차에 들어갈 경우 기업규모 축소, 주주와 채권자사이의 이해상충, 그리고 생산성 하락 등에 의해 비용이 발생할 수 있다.

기업가치는 앞에서 배운 법인세를 고려한 기업가치에서 기대파산비용의 현재가치를 차감한 것이다. 이를 식으로 나타내면 다음과 같고, 이 식을 바탕으로 최적자본구조가 개념적으로 어떻게 결정되는지는 〈그림 8-5〉에 나타나 있다.

$$V_L = V_U + D \times T - \text{기대파산비용의 현재가치}$$

〈그림 8-5〉를 보면 부채비율이 일정 수준이하일 경우 파산가능성이 적기 때문에 법인세절감 효과가 파산비용보다 크고 따라서 부채비율이 증가할수록 기업가치도 증가한다. 하지만 부채비율이 일정수준 이상으로 증가하면 파산비용이 급격히 증가하여 법인세 절감효과보다 더 커지게 되고 기업 가치는 감소한다.

따라서 최적자본구조는 부채비율 증가에 따른 법인세절감효과가 파산비용과 상쇄되는 지점에서 결정된다. 주목할 것은 이 지점에서 기업의 가중평균자본비용도 최소가 된다는 것이다.

그림 8-5 | 법인세와 파산비용이 있는 경우의 최적자본구조

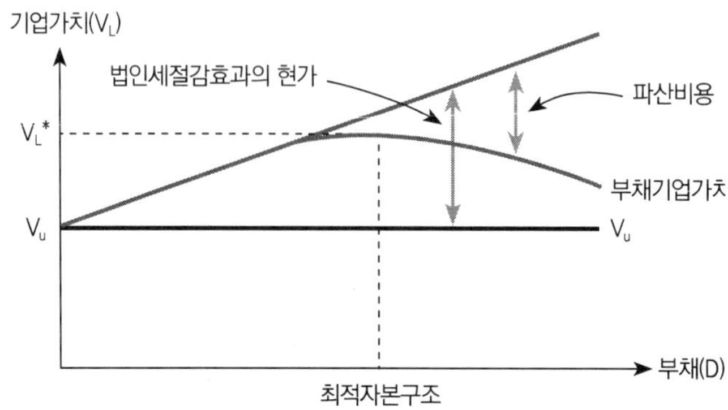

8.3 자본구조에 영향을 주는 다른 요인들

자본구조가 부채 사용에 따른 법인세절감 효과와 파산비용의 증가를 동시에 고려하여 결정된다는 지금까지의 논의는 자본구조가 실제로 어떻게 결정되는가에 대해 어느 정도 논리적인 설명이 될 수 있다. 하지만 법인세 절감과 파산비용 이외에도 자본구조에 영향을 줄 수 있는 다른 요인들이 있을 수 있다. 다음에서 몇 가지 중요한 것들만 살펴본다.

(1) 대리인 비용

소유가 분산된 기업에서 전문경영자가 자기 이익을 위해 주주가치 극대화라는 재무관리 목표에 벗어나는 의사결정을 하는 것을 자기자본의 대리인 비용이라고 한다. 부채비율을 증가시키면 자기자본의 대리인 비용 발생을 억제하여 기업 가치를 증가시킬 수 있다. 전문경영자는 부채비율의 증가로 기업이 도산한다면 자기 자리를 잃어버릴 것이기 때문에

부채비율이 증가할 경우 더욱 열심히 일하는데 이런 행동은 기업가치 증가로 연결된다. 따라서 자기자본의 대리인 비용 문제가 심각한 기업은 부채비율을 어느 정도까지 증가시키려고 할 것이다.

한편 기업이 부채를 사용하면 주주와 채권자 사이에 이해가 상충될 수 있고 주주는 채권자의 이익을 침해하는 의사결정을 내릴 유인을 갖게 된다. 예를 들어 회사가 부채를 조달한 후에 기업자산을 처분하거나 투자규모를 줄여서 주주에게 배당으로 지급하면 채권자의 이익이 침해될 수 있다. 따라서 채권자는 회사의 부채비율이 일정 수준을 넘어서면 이런 가능성을 감안하여 여러 가지 방법으로 회사의 부채사용에 제약을 가할 수 있는데 이는 회사의 부채사용에 따른 비용을 증가시킨다. 따라서 부채의 대리인비용 가능성은 회사의 부채사용을 억제하는 요인이 될 수 있다.

(2) 경영권 유지

기업이 성장을 위한 자금조달을 하면서 유상증자를 하게 되면 대주주의 지분율이 감소하게 된다. 창업한 지 오래된 미국의 주요 대기업들이 소유가 광범위하게 분산되어 전문경영진 체제로 운영되는 것이 이를 반영한다. 따라서 기업의 경영권 유지에 특별하게 집착하는 대주주는 유상증자를 통한 자기자본 신규조달보다 부채 사용을 선호할 수 있다.

(3) 배당정책

오랫동안 배당금을 지급해온 기업은 배당금을 급격히 삭감하려고 하지 않는다. 급격한 배당 삭감은 기업의 재무 상태에 심각한 문제가 있는 것으로 보일 수 있기 때문이다. 지나치게 높은 부채비율은 배당금 지급을 일정 수준으로 유지하는데 장애가 되기 때문에 안정적 배당정책을 유지하려는 기업은 일정 수준 이상의 부채사용을 억제해야 한다.

사례

삼성전자, 기업인수를 위해 무차입 경영 포기

삼성전자가 샌디스크 인수를 위해 10년 동안 지켜왔던 '무차입 경영' 포기를 사실상 선언했다. 삼성전자는 17일 미국 샌디스크 이사회에 주당 26달러에 주식 전량을 인수하겠다는 제안을 하면서 인수대금은 전액 현금으로 지급할 것이라고 밝혔다. 그리고 인수 자금은 자체 보유 현금과 외부 자금으로 마련하겠다고 덧붙였다.

주당 26달러에 샌디스크 주식 전량을 인수할 경우 총 인수대금은 58억 5,000만 달러 정도다. 우리 돈으로 약 6조7,000억 원에 달한다. 삼성전자의 현금성 자산은 상반기말 현재 6조3,000억원 수준이다. 자체 현금만으로는 인수대금을 충당하기에 부족한 상황이다. 게다가 하반기 예정된 투자를 집행하기 위해서도 자금이 필요하다.

보유 중인 자사주가 있지만 이를 샌디스크 인수에 활용하지는 않을 계획이다. 삼성전자는 17일 기관투자자들과의 컨퍼런스 콜에서 "자사주는 주주 환원을 위해 매입한 것이기 때문에 이를 다시 시장에 나오게 하지 않을 것"이라고 밝혔다.

결국 삼성전자는 샌디스크 인수를 위해 일부 자금을 차입할 계획이다. 샌디스크 인수가 성사된다면 10년간 지속돼 온 삼성전자의 무차입 경영이 깨지는 셈이다. 삼성전자 관계자는 "무차입 경영을 원칙으로 삼은 것은 아니지만 지난 10년간 본사 차원에서 외부 자금을 차입한 적은 없다"고 말했다.

삼성전자는 다만 인수대금 중 어느 정도를 자체 자금으로 충당하고 얼마를 외부에서 차입할지에 대해서는 공개하지 않았다. (머니투데이 2008년 9월 17일)

1 법인세가 없는 경우 MM의 자본구조이론이 무엇인지 간단히 설명하시오.

2 재무레버리지의 증가(자금 조달에서 부채 사용의 증가)는 어떤 장점과 단점이 있는지 간단히 설명하시오.

3 어떤 회사의 전체 자산에 대한 요구수익률은 10%이다. 부채비용은 세전 8%이다. 이 회사의 자본구조는 자기자본 30%, 부채 70%이다. 법인세가 40%라면 이 회사의 자기자본의 자본비용은 얼마인가?

4 기업가치가 자본구조와 무관하다는 MM의 명제 I을 파이모형을 통해 설명하시오.

5 법인세가 없고 자본시장이 완전할 경우 기업 가치는 자금조달 방법에 영향을 받지 않는다는 것이 MM의 제 I 명제다. 법인세가 있고 파산비용도 있는 경우 기업의 최적자본구조가 어떻게 결정되는지를 간략히 설명하시오.

6 홍익기업의 부채/자기자본 비율은 200%이고 자기자본비용과 타인자본비용은 각각 12%, 6%이다. 부채/자기자본 비율이 300%로 변하면 자기자본 비용은 얼마가 되는가?(타인자본비용은 일정하며 세금은 없다.)

7 어떤 회사의 요구수익률이 14%, 타인자본비용이 8%, 그리고 부채/자기자본비율이 200%일 때 자기자본비용은?(세금은 없다)

FINANCIAL MANAGEMENT

9장

배당정책

이번 장에서 살펴볼 배당정책은 기업이 영업활동을 통해 얻은 이익을 사내에 유보할 것인가 아니면 주주에게 배당금으로 지급할 것인가를 결정하는 것과 관련되어 있다. 앞 장에서 자본구조를 배울 때 최적자본구조가 중요했던 것처럼 배당정책에서도 기업가치 극대화 측면에서 주주에게 어느 정도 배당금을 지급하는가가 중요하다.

배당은 기업의 경영성과인 이익을 주주에게 현금, 주식, 자사주매입 등의 형태로 지급하는 것을 말한다. 배당은 주주의 자기자본 공급에 대한 보상이라고 볼 수 있다. 기업의 입장에서 배당과 관련된 가장 중요한 문제는 영업활동을 통해 얻은 이익 중에서 어느 정도를 배당으로 지급하고 나머지를 내부에 유보할 것인가에 대한 결정이다. 재무관리의 목표가 주주가치 극대화라면 이런 배당정책도 주주가치 극대화 차원에서 이루어져야할 것이다.

단순하게 생각하면 기업이 주주에게 가능한 한 배당을 많이 지급하는 것이 주주가치를 극대화하는 방법일 수도 있다. 하지만 배당을 많이 지급하는 것만이 주주가치를 극대화하는 방법이 될 수 없다. 왜냐하면 기업이 주주에게 배당을 많이 지급하면 주주는 당장 많은 현금을 확보할 수 있지만 기업은 내부유보가 감소되어 성장을 위한 재투자에 어려움을 겪게 되고 주가가 하락하기 때문이다. 따라서 배당정책은 기업이 영업활동을 통해 얻은 이익을 주주에게 직접 지급하는 것과 재투자하는 것 가운데 어느 것이 주주가치 극대화 차원에서 유리한가를 결정하는 정책이라고 볼 수 있다.

9.1 배당의 종류

(1) 현금배당과 지급절차

현금배당은 가장 일반적인 형태의 배당으로 기업의 이익 가운데 일부분을 현금으로 배당하는 것을 의미한다. 현금배당은 지급방법에 따라 정규현금배당과 특별현금배당으로 구분된다. 정규현금배당은 정기적으로 일정하게 지급되는 배당을 말하며 대부분의 현금배당은 정규배당의 형태로 지급된다. 반면에 특별현금배당은 정기적으로 반복되는 배당이 아니라 일시적으로 지급되는 현금배당을 말한다.

우리나라 상법에서는 소액주주의 권익을 보호하기 위해 주주총회에서 현금배당을 의결하도록 규정하고 있다. 그러나 주주총회는 사업연도 경과 후 2개월 후에 개최되기 때문에 실제 배당금의 지급은 다음의 4단계를 거친다. 배당 지급 일정은 〈그림 9-1〉에 요약되어 있다.

가. 배당기준일

배당을 받을 주주를 확정하기 위한 기준일로서 주주명부 폐쇄일을 의미한다. 배당기준일은 주주명부에 주식의 명의개서가 가능한 마지막 날이며 매 사업연도의 마지막 날이 배당기준일이지만 주식거래일과 결제일 사이에 며칠의 차이가 있기 때문에 주주명부에 주주로 등재되어 배당을 받기 위해서는 배당기준일 이전에 결제가 완료되어야 한다.

나. 배당공시일

배당에 대한 구체적인 결정사항이 증권시장에 공표되는 날이다. 배당에 관한 사항으로는 1주당 배당금, 배당기준일, 배당지급일 등이 있다.

다. 배당락일(ex-dividend date)

배당락일이란 배당을 지급받을 권리가 상실되는 첫 거래일을 말하고 이날 형성된 가격을 배당락 주가라고 한다. 따라서 배당락일 이후에 주식을 구입하면 주주는 배당금을 지급받을 수 없다. 일반적으로 투자자가 주식을 매입한 다음 주주명부에 주주로 등재될 때까지 일정시간이 소요되기 때문에 배당락일은 배당에 대한 권리를 확정시키는 배당기준일보다 앞선다. 우리나라의 경우 거래일을 포함해서 3일 결제이므로 배당락일은 배당기준일의 전일로 되어 있다.

라. 배당지급일

배당기준일 주주명부에 등록된 주주들에게 배당금을 실제로 지급하기 시작하는 날을 말한다. 우리나라의 경우 배당지급은 주주총회에서 배당금과 재무제표에 대한 승인 결의가 있는 날부터 1개월 이내에 하도록 되어 있다.

그림 9-1 | 배당지급일정

1. 배당공시일 : 이사회가 배당지급을 발표한다.
2. 배당락일 : 배당을 지급받을 권리가 상실되는 첫 거래일
3. 배당기준일 : 발표된 배당은 지정된 날짜에 주주로 등록된 사람들에게 지급된다.
4. 배당지급일 : 배당이 등록된 주주들에게 지급된다.

(2) 주식배당

주식배당(stock dividend)은 주식을 발행해서 기존 주주에게 무상으로 지급하는 것을 말한다. 재무상태표의 이익잉여금이 자본금으로 전환되는 것을 근거로 주식이 발행되고 발행된 주식이 주주에게 지급된다. 따라서 외부로부터의 현금유입은 없다. 주식배당이 이루어지면 발생주식수가 지분율에 비례해서 증가하기 때문에 기존주주의 지분율은 그대로 유지되고 실질적인 주주에게는 부의 증가도 없다.

그렇다면 가치 측면에서 주주에게 아무런 변화를 가져오지 못하는 주식배당은 왜 이루어질까? 그 이유로는 다음과 같은 몇 가지들을 생각해 볼 수 있다.

첫째, 기업의 입장에서 보면 주식 배당은 현금을 사용하지 않고 배당을 가능하게 하는 수단이 될 수 있다. 기업이 장부상의 이익에도 불구하고 현금이 충분하지 못하다고 판단하거나 재투자를 위해 내부유보 자금을 충분히 확보할 필요가 있는 경우, 주식 배당은 주주의 배당 욕구를 충족시킬 수 있다.

둘째, 주가가 지나치게 높거나 발행주식수가 지나치게 적어서 주식거래가 제대로 이루어지지 않을 경우, 주식배당은 발행주식 수를 증가시키고 주가를 하락시켜 거래를 활성화시킬 수 있다.

(3) 자사주 매입(stock repurchase)

자사주 매입은 기업이 발행주식을 다시 매입해서 보유하거나 소각하는 것을 말한다. 기업이 발행주식을 매입해서 보유하는 자사주를 금고주(Treasury Stock)라고 부른다. 자사주 매입이 이루어지면 발행주식수가 감소하고 따라서 주가는 상승하게 된다. 기업이 현금배당을 위해 사용할 자금으로 자사주를 매입하면 주주들은 가격이 상승한 주식을 매각해서 자본이득의 형태로 배당 받을 수 있다. 자사주 매입이 현금배당의 대체수단이 될 수 있다는 것은 다음 예로 설명할 수 있다.

2020년 12월 31일 현재 한국기업의 재무상태표는 다음과 같다고 하자.

현금	4000만	부채	0
기타자산	6000만	자기자본	1억
합계	1억	합계	1억

한국기업의 발행주식 수는 10,000주이고 따라서 주식은 주당 10,000원에 거래된다. 2020년도에 한국기업의 당기순이익은 500만원이고 따라서 주당 순이익은 500원이다. 한국기업은 재무상태표 상의 현금 4,000만원을 특별배당으로 지급하거나 자사주 매입에 사용할 것을 고려하고 있다. 한국기업이 4,000만원을 특별배당으로 지급하면 주식가치는 주당 10,000원에서 6,000원으로 하락할 것이다. 하지만 주주가치의 변화는 없다. 100주를 소유하고 있는 주주에게 있어 배당을 지급하기 전 주주가치는 100만원이었고 배당을 지급한 후 주주가치는 60만원 + 4,000 × 100 = 100만원으로 배당지급 전후 주주가치 변화가 없다.

배당지급의 대안으로 4,000만원으로 4,000주의 자사주를 매입한다고 가정해 보자. 회사가 4,000주의 자사주를 매입하면 6,000주만이 유통된다. 자사주 매입으로 재무상태표에서 현금 4,000만원이 사라지기 때문에 유통되는 주식의 가치는 6,000만/6,000 = 10,000원이 된다.

따라서 100주를 보유한 주주의 주주가치는 회사의 자사주 매입에도 불구하고 변화하지 않는다. 자자주 매입 후 100주를 소유한 주주가 40주를 팔아서 40만원의 현금과 60주의 주식을 보유하면 이것은 회사가 4,000만원을 배당으로 지급한 것과 동일한 결과를 가져온다. 따라서 세금과 같은 시장의 불완전성이 존재하지 않는 한 현금배당과 자사주매입은 완벽한 대체수단이 될 수 있다.

기업은 왜 현금 배당대신에 자사주를 취득할까? 몇 가지 이유를 들면 다음과 같다.

첫째, 기업이 현금배당 대신에 자사주를 취득하면 주주는 세금을 절약할 수 있다. 기업이 현금배당을 하게 되면 주주는 배당소득세를 부담해야 하지만 기업이 자사주를 매입해서 소각하면 주주는 세금을 내지 않고 주식 매각을 통한 자본이득을 얻을 수 있다.

둘째, 기업은 주가관리나 경영자 보호 차원에서 자사주를 취득할 수 있다. 기업은 자기 주식이 지나치게 저평가 되었을 때 자사주 취득을 통해 주가를 부양할 수 있다. 이 경우 자사주 취득은 이익소각 혹은 금고주 보유로 이루어질 수 있다.

최근 들어 외국인 투자자들의 국내 주식 보유가 증가하면서 자사주 취득이 경영권 보호 차원에서도 이루어지고 있다. 이러한 시기에 기업이 자사주를 취득해서 소각하면 대주주의 지분율이 높아져서 적대적 매수합병으로부터 경영권을 보호할 수 있다.

(4) 주식분할과 주식병합

주식분할이란 기존의 1주를 2주 또는 그 이상으로 분할시키는 것을 말한다. 이 경우 재무상태표상의 자기자본은 변하지 않고 발생주식 수만 늘어나게 되므로 주식의 액면가가 분할매수만큼 조정된다.

주식병합이란 주식분할과 반대되는 개념으로 2개 이상의 주식을 하나의 주식으로 통합하는 것을 말한다. 주식분할이 발생주식 수를 증가시킨다면, 주식병합은 발행주식 수를 감소시킨다.

9.2 배당정책과 기업가치

(1) 배당정책 무관련이론

자본시장이 완전할 경우 자본구조가 기업가치에 영향을 주지 못하듯이 배당정책도 기업가치에 영향을 주지 못한다. MM의 논리에 따르면 자본시장이 완전하면 기업가치를 결정하는 미래 현금흐름은 투자안 선택에 의해서만 결정되기 때문에 현금흐름의 배분과 관련된 배당정책은 기업가치에 영향을 줄 수 없다. 투자를 위한 필요자금의 규모가 정해진 상황에서 과도한 배당으로 내부유보자금만으로는 투자를 할 수 없게 되었다고 하자. 자본시장이 완전하기 때문에 기업은 내부유보자금을 사용할 때와 같은 비용으로 외부자금을 조달할 수 있고 따라서 배당이 투자안 선택과 실행에 영향을 주지 못한다.

기업가치는 배당정책과 관계없이 투자안으로부터 창출되는 현금흐름에 의해 결정된다. 시장이 완전할 때 배당정책이 기업가치에 영향을 주지 못한다는 이른바 배당정책의 무관련성(irrelevance of dividend policy)을 예를 통해 살펴보자.

홍익기업은 자산으로 현금만 10억원을 보유하고 있다. 이 회사는 현재 발행주식수가 10만 주인데 2억원을 배당으로 지급할지 여부를 결정해야 한다. 배당을 지급하지 않을 경우 홍익기업의 주가는 10억/10만주 = 10,000원이다. 배당을 지급할 경우 주주의 부가 어떻게 되는가를 보자. 주주에게 지급되는 배당금은 주당 2억/10만주 = 2,000원이다. 배당 지급 후 주가는 8억/10만주 = 8,000원이 된다. 따라서 배당 후 주주의 부는 주당 2,000원 + 8,000원 = 10,000원이 된다. 배당 지급 여부와 관계없이 주주의 부는 주당 10,000원이 되고 따라서 배당정책은 기업가치에 영향을 주지 못한다.

(2) 불완전시장에서의 배당정책

자본시장이 완전한 경우 배당정책은 기업가치에 영향을 줄 수 없지만 현실적으로 자본시장은 불완전하다. 자금조달에 거래비용이 발생하고 조달 방법에 따라 거래비용에 차이가 난다. 또한 자본시장 거래에는 세금이 부과된다. 자본시장이 불완전한 경우 기업의 배당정책이 기업가치에 영향을 줄 수 있다. 불완전한 자본시장의 어떤 요인들은 투자자들로 하여금 높은 배당을 선호하게 만들 것이고 다른 요인들은 낮은 배당을 선호하게 만들 것이다.

가. 높은 배당을 선호하게 하는 요인들

▎미래의 불확실성과 현재소득 선호

투자자들은 불확실한 미래 소득보다는 확실한 현재 배당을 선호할 수 있다. 투자자들은 내부유보의 재투자를 통해 실현될 미래의 불확실한 주가상승보다는 현재의 확실한 배당을 선호할 수 있다. 기업이 이익을 배당하지 않고 사내에 유보하면 유보한 만큼 어느 정도 주가가 상승하겠지만 미래의 주가는 기업내외부의 다른 요인들에 의해 영향을 받기 때문이다.

투자자들이 미래 소비보다 현재 소비를 더 선호하는 것도 배당 선호로 이어질 수 있다. 배당을 받지 않고도 현재 소비를 할 수 있지만 당장 소비를 하기 위해서는 보유 주식을 매각해야하는데 이때 주가 변동성으로 어려움을 겪을 수 있다. 따라서 투자자는 주식매각보다는 배당을 통한 소비를 원할 수도 있다.

▎대리인비용 감소를 통한 주가상승기대

배당지급이 주주와 전문경영자 사이의 대리인 비용을 감소시키고 따라서 주가상승으로 연결될 수 있기 때문에 투자자들은 배당지급을 선호할 수 있다. 소유가 분산된 기업에서는 주주와 전문경영자 사이에 이해관계의 상충으로 대리인 비용이 발생한다. 전문경영자는 경우에 따라 주주가치 극대화보다는 자기이익을 위한 행동을 할 수 있고, 이러한 전문경영자의 행동은 주가 하락의 요인이 될 수 있다. 특히 전문경영자가 내부자금을 사용하는데 있어서 대리인 문제가 발생할 수 있다. 전문경영자는 가치를 창출하지 못하지만 자신의 개인적 이익에 도움이 되는 투자안을 채택할 수는 있다. 배당은 전문경영자가 통제할 수 있는 내부자금의 규모를 줄임으로써 이러한 전문경영자의 이해상충적 행동을 막을 수 있고 따라서 대리인 비용을 감소시킬 수 있다.

나. 낮은 배당을 선호하게 하는 요인들

세금효과

자본시장이 불완전한 경우 세금이 존재한다. 주주의 입장에서 배당정책은 납세 후 소득에 영향을 줄 수 있다. 우리나라처럼 배당소득세가 있고 자본이득세가 없는 경우 주주는 배당에 대해서는 세금을 납부해야하지만 주식매매 차익에 대해서는 세금을 낼 필요가 없으므로 다른 조건이 동일하다면 배당보다는 내부유보를 선호할 수 있다. 다른 나라들도 우리나라처럼 배당소득세는 있고 자본소득세는 없거나 자본소득세가 있더라도 배당소득세보다 작다. 따라서 일반적으로 자본이득세가 배당소득세보다 낮다면 다른 모든 조건들이 동일한 경우 주주는 배당보다 내부유보를 통한 주가상승을 선호할 것이다.

거래비용

기업이 배당을 많이 하면 외부로부터 자금을 조달해야할 가능성이 커진다. 현실적으로 주식발행, 은행차입 그리고 채권발행을 통한 외부자금조달에는 명시적으로 지불하는 금리 외에도 거래비용이 발생한다. 특히 금융시장의 미발달로 거래비용이 일정 수준을 넘어서면 기업은 가능한 한 내부유보를 통해 외부자금조달에 따른 거래비용을 최소화시키려고 할 것이다. 주주들도 배당지급이 외부자금조달에 따른 거래비용 증가로 이어지고 따라서 주가에 부정적인 영향을 준다는 것을 알기 때문에 배당지급보다 내부유보를 선호할 수 있다.

다. 배당정책의 고객효과

지금까지는 자본시장을 불완전하게 하는 여러 요인들 가운데 일부는 투자자로 하여금 높은 배당을 선호하게 만들고 일부는 낮은 배당을 선호하게 만들 수 있다는 것을 배웠다. 하지만 자본시장이 불완전하더라도 배당정책의 고객효과가 있으면 배당정책은 기업 가치에 영향을 주지 못할 수 있다.

소득수준과 세율 측면에서 서로 다른 특성을 갖는 주주들은 자기의 취향에 따라 배당성향이 다른 자기만의 주식을 선호하기 때문에 시장의 균형 상태에서는 특정 기업이 배당정책을 변경하더라도 주가는 변화하지 않을 수 있다. 이러한 현상을 배당정책의 고객효과라고 부른다. 예를 들어 배당소득세율이 자본이득세율보다 높은 경우 소득세율이 높은 주주는 저배당 주식을 선호하고 소득세율이 낮은 주주는 고배당주식을 선호하게 된다. 따라서 특정기업이 배당정책을 변경하더라도 그 기업을 선호하는 투자자들은 항상 존재하기 때문에 주가는 변화하지 않는다.

사례

삼성전자 자사주 1조8,500억 원 매입 효과 어디까지?

삼성전자가 부진한 1분기(1~3월) 실적에도 불구하고 자사주 1조8,500억원 규모의 매입을 발표하며 코스피지수의 사상 최고치 경신을 이끌어냄에 따라 '삼성전자 효과'의 지속여부에 관심이 쏠리고 있다.

17일 한국증권선물거래소에 따르면 삼성전자의 실적 발표일인 지난 14일 삼성전자가 2.66% 상승한 가운데 코스피 지수는 27포인트 급등한 1432.72로 마감하며 석 달 만에 사상최고치 기록을 갈아치웠다. 17일에는 삼성전자가 0.76% 오른 66만원, 코스피 지수는 2.44포인트(0.17%) 뛴 1435.16으로 개장했다.

전문가들은 삼성전자의 1분기 영업이익(1조6,140억 원)이 5분기래 최저치였지만 이미 시장에서 삼성전자의 실적 기대치를 꾸준히 낮춰 잡아 온데다 1조8,500억 원 규모의 자사주 매입 발표가 이어지면서 시장에 상승 동력을 제공한 것으로 분석했다. 특히 자사주 매입은 수급 개선효과뿐 아니라 정보기술(IT) 경기의 1분기 바닥론에 힘을 실어줘 투자심리를 호전시키는 역할을 할 것이라는 전망이다.

실제로 이전에도 삼성전자의 자사주 매입은 대부분 주가상승으로 이어졌다. 대신증권에 따르면 지난 2000년 10월 이후 모두 8차례의 삼성전자 자사주 매입 기간 동안 코스피지수가 평균 2.97% 상승한데 비해 삼성전자는 평균 3.68% 올랐다. (문화일보 2006년 4월 17일)

자사주 매입으로 악성루머 잠재운다.

코오롱건설이 최근 '유동성 위기설'에 자사주 매입으로 맞섰다.

코오롱건설은 5일 김종근 대표이사 사장이 자사주를 매입했다고 공시했다. 취임 후 처음으로 자사주를 매입한 김 대표는 회사 주식 1만주를 이틀 연속 하한가를 맞은 다음날인 3일 주당 6천921원에 장내 매수했으며 3억 원 정도까지 추가로 매입할 계획이다.

최근 유동성 위기설에 시달린 기업들이 악성 루머를 잠재우기 위한 방편으로 주로 기업설명회(IR)를 이용했으나 자사주 매입을 들고 나온 것은 코오롱건설이 첫 사례다.

대표이사가 직접 나서 자사주를 매입함으로써 시장에 '자신 있다'는 신호와 아울러 루머를 잠재우겠다는 의지를 동시에 내보인 것으로 증권가는 해석하고 있다.

실제로 상장기업 대표이사의 자사주 매입은 회사의 미래를 낙관하고 현 주가가 저평가돼 있다는 인식을 시장에 심어주기 때문에 주가 부양에 즉각적으로 도움을 주는 편이다. 코오롱건설은 오전 11시15분 현재 3.22% 오른 7천50원에 거래되고 있다.

이와 관련, 코오롱건설 관계자는 "이른바 시장에서 도는 유동성 위기는 단순한 루머일 뿐이며 회사가 건재하고 주가가 저평가돼 있다는 의지를 보여주기 위해 매입했다"며 "임직원도 주가가 저평가 상태라는 데 공감해 자사주 매입을 고려하고 있다"고 전했다.

하지만 현재 각종 대내외 악재로 증시상황이 그 어느 때보다 어려운 상태여서 코오롱건설의 자사주 매입이 당장 효과를 볼 수 있을지는 아직 장담하기 어렵다.

이런 점에서 '동병상련'에 놓인 다른 기업들이 '저가 매수'와 '지배력 강화'라는 두 마리 토끼를 잡을 수 있는 자사주 매입에 동참할지는 코오롱건설의 성공 여부에 달려있다. (연합뉴스 2008년 9월 5일)

코스닥시장에서도 6월 들어 중간배당을 결의하는 기업이 잇따르고 있다. 오는 28일까지 주식을 보유하면 중간배당금을 받을 수 있는 데다 단기 주가 상승 기대감도 높아 중간배당 관련주들에 대한 관심이 늘어나고 있다.

전문가들은 "중간배당을 실시하는 기업들은 기본적으로 실적도 양호한 편"이라며 "최근에는 배당성향을 높이는 추세여서 중간배당주에 대해 관심을 가져볼 만한 시점"이라고 조언했다.

17일 증권 당국에 따르면 이달 들어 오로라월드 인탑스 하나투어 등 코스닥

상장기업 10곳이 중간배당 실시를 공시했다. 이 가운데 오로라월드와 에스텍은 올해 처음으로 중간배당을 실시한다. 기준일이 이달 말이어서 중간배당을 결의하는 기업이 추가로 늘어날 것으로 예상된다.

중간배당을 결의한 업체들은 대부분 "주주중시 경영정책을 강화하기 위해 배당을 실시하게 됐다"며 "중간배당 규모에 대한 관련 사항들은 이사회 결의에 따라 확정해 밝힐 계획"이라고 설명하고 있다.

일부 업체들은 중간배당금을 미리 알리는 '배당예고제'나, 대주주와 소액주주의 배당금을 달리 하는 '차등배당제'에 나서기도 한다. 캐릭터 완구업체인 오로라월드는 최대주주에게는 배당하지 않고 소액주주에게만 주당 50원의 중간배당을 실시 할 예정이다. 이날 종가(2,500원) 기준 시가배당률은 2.0%다. 오로라월드 관계자는 "주주중시 경영방침을 강화하기 위해 앞으로도 순이익의 30% 가량을 지속적으로 배당할 계획"이라고 설명했다.

출자업체인 코메론도 대주주에게 75원, 나머지 주주에게는 112원을 배당하는 차등배당을 실시할 예정이다. 니트의류를 일본에 수출하는 우수씨엔에스도 지난해와 같은 수준(주당 50원)의 중간배당을 계획하고 있다고 밝혔다.

이밖에 경동제약 대화제약 등의 제약주와 휴대폰 케이스업체인 인탑스 등이 중간 배당을 실시할 예정이다.

중간배당은 배당기준일인 오는 30일까지 주주명부에 등재된 주주에게 지급하기 때문에 28일까지 주식을 보유하고 있어야 한다. 중간배당 규모는 기말배당보다 작은 경우가 많지만, 짧은 기간에 투자수익을 높일 수 있고 시가배당률이 높다는 점이 메리트로 손꼽힌다.

또 중간배당을 실시하는 기업들은 실적이 양호해 주가 흐름도 좋은 편이다. 때문에 중간배당 실시 자체를 기업들이 영업활동에 대한 자신감을 표현하는 것으로 이해되기도 한다. (한국경제신문 2005년 9월 13일)

연습 문제

1 MM의 배당 무관련 가설이 무엇을 의미하는지 간단히 설명하시오.

2 주주가 기업의 고배당정책과 저배당정책을 각각 선호하게 만드는 요인이 무엇인지 간단히 설명하시오.

3 홍익기업의 현재주가는 50,000원이고 발행주식수는 500만주이다. 1) 액면 5,000원을 1:10으로 분할하는 경우, 2) 주식배당을 20% 행하는 경우, 3) 자사주를 25만주 취득하는 경우 각각 회사의 주가는 어떻게 변화하겠는가?

4 대한기업의 재무상태표가 아래와 같다.

자산		부채와 자기자본
현금	2,000만원	
기타자산	8,000만원	자기자본 1억

현금 2,000만원을 발생주식 수 10,000주에 대해 배당으로 지급하는 것과 자사주 매입에 사용하는 것 사이에 주가, 발행주식수, 주주가치 측면에서 어떤 차이가 있는지를 설명하시오.

5 배당정책의 고객효과가 무엇을 의미하는지 간단히 설명하시오.

10장

국제재무관리

최근 들어 기업에서의 국제재무관리 중요성이 커지고 있다. 세계화의 진전으로 기업의 활동무대가 직간접적으로 전 세계로 확산되고 있기 때문이다. 더욱이 금융의 국제화가 진전될수록 더욱 많은 기업들이 직접적으로 국제재무활동에 관여하게 된다. 한국의 경우 외환위기 이후 자본시장이 완전 개방되고 변동환율제도로 이행하면서 국제재무관리의 중요성은 더욱 증대되었다고 하겠다.

국제재무관리는 국제금융시장에서 기업의 재무활동에 관한 의사결정문제뿐만 아니라 영업, 생산, 판매, 원료구입 등 모든 기업활동에서 환율 등 대외여건의 변화가 기업 가치에 미치는 영향을 분석하고 적절히 대응하는 방법을 다룬다. 하지만 우리나라 기업의 입장에서 가장 중요한 국제재무관리의 과제는 환위험관리라고 할 수 있다. 해외부분을 대상으로 생산, 판매 그리고 원료구입 활동을 하는 기업은 설사 국제금융시장에서 자금의 조달과 운용에 참여하지 않더라도 환율이 변동하게 되면 경쟁력 측면에서 직접적으로 영향을 받게 된다. 예를 들어 환율이 상승하는 경우 수출업체는 제품 가격을 떨어뜨릴 수 있기 때문에 수출시장에서 가격경쟁력이 개선된다. 뿐만 아니라 순수하게 국내에서 기업 활동을 하는 경우라 할지라도 환율의 변동은 경쟁력과 기업 가치에 영향을 미친다. 최근 키코 사태를 통해 발생한 우리기업들의 환위험관리 실패와 이로 인한 막대한 기업가치 손실은 제대로 된 환위험 관리가 기업경영에서 얼마나 중요한 과제인지를 재확인시켜주었다.

따라서 본장에서는 환위험의 관리방법을 중심으로 이와 관련된 내용을 살펴본다.

10.1 외환시장과 환율

외환시장이란 서로 다른 통화의 교환, 즉 외환의 매매가 이루어지는 거래매커니즘으로서 통상 은행간 거래시장을 말한다. 외환시장은 기업, 자금관리자, 그리고 은행들이 필요시에 대규모로 외환을 사고 팔 수 있게 해줄 뿐만 아니라 국제금융시장에서 금융거래를 가능하게 한다.

외환시장에는 고객, 상업은행, 그리고 중개자가 참가하고 있다. 고객은 무역거래와 투자업무를 수행하는 과정에서 외환이 필요하기 때문에 시장에 참가한다. 외환시장에서 가장 활동적인 참가자는 상업은행으로 시장형성(market making) 역할을 수행한다. 상업은행은 또한 기업과 다른 소규모의 은행을 대신해서 외환거래를 하기도 한다.

중개자는 전 세계적으로 은행들과 컴퓨터와 전화연결을 하고 있는 전문회사로서 은행들 사이에서 중개 역할을 담당한다. 중개자는 어느 은행이 가장 높은 매입율을 제시하고, 어느 은행이 가장 낮은 매도율을 제시하고 있는지 파악하고 있어 현 시점에서 가장 유리한 가격을 찾을 수 있게 한다. 또한 중개자들은 자기 자금을 가지고 거래하지 않으며 중개 역할에 따른 수수료를 받는다.

환율은 외환의 가격으로서 외환시장에서의 수요와 공급에 의하여 결정되며 이는 마치 화폐시장에서 이자율이 화폐의 수요와 공급에 의해서 결정되는 것과 같은 이치이다. 예를 들어 원/달러 외환시장에서 달러화에 대한 수요가 증대하면 달러화의 초과수요가 발생하게 되고 따라서 달러화의 가치가 상승하게 되며, 달러화의 공급이 증가하면 같은 이치로 달러화의 가치가 하락하게 된다.

환율의 표시방법은 자국통화로 표시하는 방법(또는 직접표시법)과 외국통화로 표시하는 방법(간접표시법)이 있다. 자국통화표시 환율이 1,200원/$이면 외국통화 표시 환율은 0.00083$/원이다. 통상적으로 국제

외환시장에서 영국의 파운드화와 유로화는 외국 통화표시방법으로, 그리고 다른 국가의 통화는 자국 통화표시방법으로 환율을 표시하고 있다.

외환시장에서 국내은행으로부터 환율제시를 요청 받은 은행은 매입율(bid rate)과 매도율(offer rate)을 동시에 제시해준다. 예를 들어 $/£ 1.6090-1.6094의 표시에서 제시은행은 국내은행이 1£를 주면 1.6090 $를 그 대가로 주겠다는 매입환율이고, 국내은행이 1.6094 $를 주면 1£를 매도하겠다는 뜻이다. 매입율과 매도율의 차이를 스프레드(spread)라 하며 환율고시은행의 수익원이 된다.

외환거래는 크게 현물환거래와 선물환거래로 나누어진다. 현물환거래는 계약체결 후 2 영업일 이내에 현물이 인도 결제되는 거래로서 당일결제 거래, 익일결제 거래 및 익익일 결제 거래가 있다. 선물환거래란 계약일로부터 3 영업일 이후의 특정일에 계약당시에 정해진 환율(선물환율)로 외환의 인도가 이루어지는 거래를 말한다.

선물환거래가 이루어지면 결제일 당일의 환율 수준에 상관없이 당초 계약에서 정해진 환율로 거래가 이행된다. 장차 외환을 받게 되는 경우는 선물환 매도계약을, 그리고 외환을 지급할 예정인 경우는 선물환 매입계약을 체결하게 된다. 예를 들어, 수출업자가 1개월 후 받을 수출대금이 1천만 달러이며 수출업자가 1개월 만기 선물환율 1,300원/$으로 선물환 매도계약을 체결하게 되면 수출업자는 1개월 후에 130억원을 받게 되는 것이다.

환율을 자국통화표시방법으로 표시하는 경우 선물환율이 현물환율보다 높을 때 외국통화는 선물환 할증상태에 있다고 말하며, 반대의 경우 외국통화는 선물환 할인상태에 있다고 말한다. 예를 들어 6개월 만기 원달러 선물환율이 1,350원/$이고 현물환율이 1,300원/$라면 달러는 원화에 대하여 선물환 할증상태에 있게 된다.

10.2 물가, 이자율, 환율의 상호관계

환율 변동은 물가, 그리고 이자율 변화와 밀접하게 관련되어 있다. 예를 들어 A국의 물가상승율이 B국보다 높을 것으로 기대되면 A국의 통화가치는 B국 통화가치에 비해서 하락할 것이다. 또한 B국 이자율에 비해서 A국 이자율이 상승하면 A국 통화에 대한 수요는 증가하고 B국 통화에 대한 수요는 감소하여 A국 통화의 B국 통화에 대한 상대가치는 상승할 것이다. 아래에서는 환율, 물가 그리고 이자율이 어떻게 서로 관련되어 있는가를 살펴본다.

(1) 구매력평가설 : 환율과 물가와의 균형관계

구매력평가설(PPP : Purchasing Power Parity)은 환율과 물가와의 균형관계를 보여주는 이론으로서 국가 간의 상품거래에 있어서 차익거래가 존재하지 않는 상태를 전제로 하고 있다. 단일 상품의 경우 국가간의 차익거래가 성립하지 않기 위해서는 동일 통화로 표시한 상품의 가격이 같아야 하며 이러한 법칙을 일물일가의 법칙이라고 한다. 구매력평가설은 일물일가의 법칙을 기초로 하여 환율과 물가수준의 균형관계를 보여주는 절대적 구매력평가설과 환율변동율과 물가변동율의 균형관계를 보여주는 상대적 구매력평가설로 구분된다.

가. 일물일가의 법칙(law of one price)

일물일가의 법칙이란 동일 통화로 표시한 상품의 가격은 모든 국가에서 동일하다는 법칙으로서 이는 국가 간의 상품거래에 있어서 차익거래의 유인이 없는 상태를 의미한다. 이를 수식으로 표시하면 식 (10-1)이 된다.

$$P = S \times P^{*} \qquad (10\text{-}1)$$

여기서 P는 국내의 상품가격, P*는 외국의 상품가격, S는 자국통화로 표시한 환율이 된다. 예를 들어 한국과 미국 사이에 TV가 거래된다고 할 때 한국에서의 TV가격은 120만원, 미국에서 TV가격은 1,000달러, 그리고 환율이 1,200₩/$이라면 차익거래의 유인이 발생하지 않게 되는데 그 이유는 하나의 통화로 표시한 상품의 가격이 두 국가에서 같기 때문이다. 만일, 하나의 통화로 표시한 상품의 가격이 국가마다 다르다면 싼 곳에서 상품을 구입하여 비싼 곳에 판매함으로써 이익을 취할 수 있는 차익거래가 발생하게 된다.

나. 절대적 구매력평가설

절대적 구매력평가설은 한 상품에 적용하는 일물일가의 법칙을 국가경제의 물가수준으로 확장한 것으로서 식 (10-2)에서처럼 환율수준과 물가수준간의 균형관계를 나타내고 있다.

$$S = \frac{P}{P^{*}} \qquad (10\text{-}2)$$

여기서 P와 P^{*}은 각각 국내물가의 수준과 해외물가의 수준을 나타내며 이들은 물가지수가 된다. 절대적 구매력평가설에 따르면 환율은 장기적으로 두 나라 물가수준의 비율에 의하여 결정되며 이는 균형환율을 의미한다. 영국의 이코노미스트지는 세계 각국의 환율의 기준지표로 빅맥지수를 정기적으로 발표한다. 빅맥 지수란 구매력 평가설에 입각해서 각국의 빅맥 햄버거 가격을 비교하여 환율의 적정성을 평가하는 비교지수를 말한다. 예를 들어 미국의 빅맥 가격이 4.4달러인데 한국의 빅맥 가격이 4불이라면 원화는 달러화에 대해 10% 정도 저평가되어 있다는 것이다.

다. 상대적 구매력평가설

다음에 나오는 식 (10-3)에서처럼 절대적 구매력평가설을 기초로 환율 변동률과 각 국가의 물가변동률, 즉 인플레이션과의 균형관계를 도출한 것이 상대적 구매력평가설이다.

$$\dot{S} = \frac{\pi - \pi^*}{1+\pi^*} \qquad (10\text{-}3)$$

여기서 $\dot{S}, \pi, \pi^*$는 각각 환율, 국내물가, 그리고 외국물가의 상승률을 나타내고 있다. 식 (10-3)은 식 (10-4)로 보다 간단하게 나타낼 수 있으며 이는 환율상승률이 국내물가상승률과 외국물가상승률의 차이와 같다는 것을 의미한다.

$$\dot{S} = \pi - \pi^* \qquad (10\text{-}4)$$

(2) 피셔(Fisher) 효과 : 이자율과 물가와의 균형관계

피셔효과는 이자율과 물가와의 균형관계를 보여준다. 이는 고전학파 경제학자인 어빙 피셔(Irving Fisher)가 설정한 식 (10-5)의 피셔 방정식에서 도출된다.

$$(1+i) = (1+r)(1+\pi^e) \qquad (10\text{-}5)$$

여기서 i는 명목이자율, r은 실질이자율, π^e는 기대물가상승율이다. 따라서 실질이자율은 명목이자율에서 기대물가상승율을 차감한 것이 된다. 식 (10-5)는 식 (10-6)으로 더 간단하게 표현할 수 있다.

$$i = r + \pi^e \qquad (10\text{-}6)$$

이 식을 보면 기대물가상승률과 이자율간에는 1:1의 대응관계가 있음을 알 수 있다. 이와 같은 피셔효과를 국제경제로 확장하게 되면 식 (10-7)처럼 두 국가의 명목이자율 격차는 두 국가의 인플레이션 차이와 같게 된다.

$$i - i^{*} = \pi - \pi^{*} \qquad (10\text{-}7)$$

(3) 이자율 평가이론(Interest Rate Parity) : 환율과 이자율 사이의 균형관계

국가 간의 재화와 용역의 거래에서 균형관계를 나타내고 있는 것이 구매력평가설이라면, 이자율평가이론은 국가 간의 자본거래에서의 균형관계를 나타낸다. 국가 간의 자본거래에서는 반드시 외환거래가 수반되기 때문에 이자율평가이론은 환위험의 유무에 따라서 무위험 이자율평가이론(covered interest rate parity)과 위험 이자율평가이론(uncovered interest rate parity)으로 구분된다.

가. 무위험 이자율평가이론

무위험 이자율평가이론은 환위험이 존재하지 않는 상황하에서 국가 간 자본거래가 발생하는 경우 환율과 이자율과의 균형관계를 나타낸다. 환위험이 존재하지 않는 상황은 자본거래자가 외환시장에서 선물환거래를 하고 있음을, 균형관계란 차익거래의 유인이 없는 상황을 의미한다. 이제 선물환시장에서 외환거래를 행하는 투자자의 예를 들어 이자율평가이론의 조건을 도출해보면 식 (10-8)이 된다.

$$1 + i = \frac{F}{S}(1+i^{*}) \quad \text{또는} \; i - i^{*} = \frac{(F-S)}{S}(1 + i^{*}) \qquad (10\text{-}8)$$

여기서 i는 1년 만기 국내이자율을, i^*는 1년 만기 해외이자율을 , F는 1년 만기 선물환율을, 그리고 S는 현물환율을 나타낸다. 첫 번째 식의 좌변은 국내금융자산에 투자할 경우 1년 후 예상되는 원리금이 되며 우변은 해외금융자산에 투자할 경우 1년 후 예상되는 자국통화표시 예상원리금이 된다. 식 (10-8)을 개략적으로 표시하면 식 (10-9)가 되며 이 식이 통상적인 무위험 이자율평가조건이 된다.

$$i - i^* = \frac{(F-S)}{S} \qquad (10\text{-}9)$$

이 식에서 무위험 이자율평가조건은 양국 간의 이자율 격차가 선물환 할증률(또는 선물환 할인율)과 동일할 때 성립함을 알 수 있다. 이 조건은 국가 간의 이자율 차이가 선물환율과 밀접하게 관련되어 있다는 것을 보여주고 있으며 구체적으로 이자율이 높은 국가의 통화는 선물환 할인 상태에, 이자율이 낮은 국가의 통화는 선물환 할증상태에 놓이게 됨을 시사하고 있다. 그 이유는 균형상태를 유지하기 위해서는 이자율이 낮은 국가 통화의 가치가 이자율이 높은 통화의 가치보다 이자율 차이만큼 높아야하기 때문이다.

나. 위험이자율평가이론(uncovered interest rate parity) : 국제피셔효과

위험이자율평가이론은 환위험이 존재하는 상황하에서 국가 간 자본거래가 발생하는 경우 환율과 이자율간의 균형관계를 보여주는 이론으로서 국제피셔효과라 칭한다. 여기서 환위험이 존재하는 상황이란 자본거래에 수반되는 외환거래가 현물환시장을 통하여 이루어진다는 의미이며 균형관계란 자본거래에서 차익거래의 유인이 존재하지 않고 있음을 뜻한다.

앞의 무위험 이자율평가이론의 도출과정과 마찬가지로 현물환거래를 수반하는 자본거래에서 이자율평가이론의 조건을 도출해보면 식 (10-10)이 된다.

$$1+i = \frac{S^e}{S}(1+i^*) \quad \text{또는} \quad i - i^* = \frac{(S^e-S)}{S}(1+i^*) \qquad (10\text{-}10)$$

여기서 S^e는 예상환율이 된다. $1+i^* \doteqdot 1$인 것을 감안하면 식 (10-10)은 다음과 같이 간단하게 표현할 수 있다.

$$i - i^* = \frac{(S^e-S)}{S} \qquad (10\text{-}11)$$

따라서 위험 이자율평가조건은 두 국가 간 이자율 격차가 예상환율상승율과 같다는 것을 의미한다.

(4) 선물환평가이론(Foward Parity) : 선물환율과 현물환율 간의 관계

선물환 평가이론은 선물환율을 미래현물환율의 불편추정값(unbiased estimator)으로 가정한다면 선물환 프리미엄과 예상환율상승율은 같아진다는 이론으로서 식 (10-12)로 표시된다.

$$\frac{(F-S)}{S} = \frac{(S^e-S)}{S} \qquad (10\text{-}12)$$

선물환율이 미래현물환율의 불편추정값이 되기 위해서는 외환거래에서 다음의 조건이 충족되어야 한다. 첫째, 외환거래에 있어서 차익거래에 어떠한 제약도 없는 자유로운 거래가 보장되어야 하며 둘째, 세금 또는 정보비용 등 거래비용이 없어야 하고 셋째, 시장이 효율적이어서 이용가능한 모든 정보가 가격에 즉시 반영되고 넷째, 미래에 대한 불확실성이 없어야 한다.

선물환 평가이론이 성립한다면 무위험 이자율평가이론과 위험이자율 평가이론은 동일하게 된다.

10.3 환위험과 환위험 관리

(1) 환위험의 종류

완전변동환율 제도를 채택하고 있는 우리나라의 경우 환율은 해당 통화에 대한 수요와 공급에 의해 결정되고, 이런 수요와 공급은 수시로 변하기 때문에 환율을 미리 예측하기는 매우 어렵다. 이러한 환율변동은 수출입에 의존하는 기업들에 많은 피해를 줄 수 있다. 예를 들어 자동차를 수출하는 기업이 미국에 100만 달러의 자동차 수출 계약을 하고 대금은 6개월 후에 받기로 했다고 하자. 계약할 당시의 환율 1,200원/$이 6개월 후 1,100원/$가 되면 이 회사는 원화로 1억원의 손실을 입게 된다. 환율변동에 의한 이런 위험을 환위험이라 하고 환율변동이 경영성과에 미치는 영향을 환노출이라고 한다.

환노출은 크게 회계적 환노출(accounting exposure), 거래적 환노출(transaction exposure), 경제적 환노출(economic exposure)로 구분해 볼 수 있다.

거래적 환노출과 경제적 환노출은 환율변동이 가져올 미래의 손실과 이익의 가능성을 측정하여 실제로 이익과 손실이라는 현금흐름의 변화를 기져오는 반면, 환산 환노출은 현금흐름의 변화에는 영향을 주지 않는다.

회계적 환노출 또는 환산 환노출(translation exposure)이란 외화자산과 외화부채 등 외화표시금액이 기재되어 있는 재무제표를 국내통화표시로 환산하는 경우 환율변동으로 인하여 이익 또는 손실이 발생할 가능성을 의미한다. 특히 해외 현지법인을 보유한 기업들은 종합재무상태표를 작성하기 위해서 재무제표 상 외국통화로 표시한 항목을 자국통화로 환산해야 하는데 이 때 장부상으로 이익 또는 손실이 발생할 수 있다.

거래적 환노출이란 외화로 표시된 거래의 결제에서 환율변동으로 인한 이익이나 손실이 발생할 가능성을 말한다. 환율변동의 이전에 거래가 발생하였으나 환율변동 이후에 결제가 이루어지는 외화표시거래에 있어서 거래적 환노출이 발생하며 이러한 거래에는 외화표시의 외상매입 또는 매출, 외화대출 또는 차입 등이 포함된다.

예를 들어 한국의 어느 수출업체가 미국에 $1억의 상품을 수출하기로 계약하고 그 대금을 6개월 후에 지급 받기로 한 경우 6개월 이후의 원/달러 환율이 오늘 현재 현물환율 수준인 $1 = ₩1,200 과 달라진다면 6개월 후 받게될 원화금액은 1,200억원과 크게 달라질 가능성이 있다. 6개월 이후의 현물환율이 현재환율보다 높다면 이익이 발생되나 현재환율보다 낮다면 손실이 발생되는 것이다.

경제적 환노출 또는 영업환노출(operating exposure)은 예상하지 못한 환율변동으로 장차 발생할 기업의 현금흐름이 변화할 가능성을 의미한다. 기업의 가치는 미래의 현금흐름을 현재가치로 환산한 것이므로 경제적 환노출은 환율변동이 기업의 가치에 미치는 영향으로 정의할 수 있다. 경제적 환노출은 환율변동이 기업의 모든 영업활동에 미치는 영향을 의미하기 때문에 환산 환노출 또는 거래적 환노출보다는 광범위하다. 예를 들어 수출기업에 있어서 경제적 환노출은 환율변동이 수출가격과 수출금액 등 현금유입뿐만 아니라 생산비용 등 현금유출에 미치는 영향까지를 포함한다.

환율변동에 의해 수출입 기업을 포함한 거의 모든 기업이 경제적 환노출에 직면한다고 할 수 있다. 영업활동에서 외환거래가 수반되는 수출입 기업에 있어서 환율변동은 국내통화 표시 현금흐름에 영향을 줄 뿐만 아니라 가격경쟁력의 변동을 통하여 현금흐름에 영향을 주게 된다. 그리하여 거래적 환노출을 회피할 수 있는 수단을 강구한다 하더라도 환율변동으로 인하여 경쟁력의 변화를 통한 환노출에 직면하게 된다. 또한 외환거래가 전혀 없는 기업도 거래적 환노출은 없을지라도 경쟁력의 변화로 인하여 경제적 환노출에 직면하게 된다. 예를 들어 외국관광객이 자주 찾는 우리나라 식당의 경우 원화가 강세를 보일 경우 외국관광객의 수가 줄어 매출도 줄어들게 된다.

(2) 거래적 환위험의 관리

거래적 환위험이란 기업이 계약에 의해 확정된 외화표시 현금흐름을 갖는 경우 환율변동에 따라 지급하거나 지급받게 되는 자국통화금액이 변동하는 위험을 말한다. 거래적 환위험은 주로 기업이 수출입계약을 체결하는 경우에 발생한다. 기업이 수출계약을 하면 보통 일정기간이 지난 후 외화로 받게 된다. 수출계약 후 외화로 현금을 받을 때까지 환율이 변동하면 자국통화로 환산한 현금흐름은 변동한다.

예를 들어 미국의 한 업체에 수출계약을 체결한 기업은 계약체결 후 달러로 수출대금을 받기 전까지 원 달러 환율이 하락하면 원화로 환산한 현금흐름은 감소하여 손실을 입게 된다. 거래적 환위험은 해외에 투자하거나 외화로 차입하는 경우에도 발생한다. 미국 주식시장에 1,000만불을 투자하여 1년 후 100만 불의 투자수익을 얻은 기관투자자의 경우 1년 후 원달러 환율이 하락하면 달러표시로는 10%의 수익을 올리게 되지만 원화표시로는 손해를 볼 수도 있다.

가. 파생금융상품을 이용한 환위험관리 방법

거래적 환위험은 선물환, 통화선물 그리고 통화옵션과 같은 외환파생상품을 이용하면 효과적으로 관리할 수 있다. 선물환, 통화선물, 그리고 통화옵션은 모두 환율변동 위험을 헤지하는 수단이 될 수 있으나 그 방법이 조금씩 다르기 때문에 환율변동 위험을 헤지하려는 실수요자는 자신의 목적에 따라 이들 가운데 하나를 선택하여 사용할 수 있다. 선물환, 통화선물, 그리고 통화옵션의 환율변동위험 헤지 방법의 차이를 살펴보자.

오늘 미국 수입업자와 수출계약을 체결하고 대금 100만 불을 3개월 후 받기로 한 우리나라 수출업자의 경우를 통해 파생금융상품이 어떻게 환율변동위험을 회피하는데 이용되는가 살펴보자.

선물환/통화선물

현재 환율이 달러당 1,350원이라고 하자. 수출업자는 3개월 후 원/$ 환율의 변동위험에 노출되어 있다. 수출업자는 3개월 후 환율이 1,350원/$보다 높으면 환율변동으로부터 이익을 볼 수 있지만 반대로 1,350원/$ 보다 낮으면 환율변동으로부터 손해를 보게 된다. 환율하락이 심할 경우 수출업자는 계약당시에는 이익을 볼 수 있다고 생각했던 거래에서 손해를 볼 수도 있다.

수출업자가 3개월 환율변동 위험을 완전히 회피하기 위한 한 가지 방법은 3개월 만기의 선물환계약에 100만 불 매도포지션을 취하는 것이다. 3개월 만기 원 달러 선물환율이 1,350원/$라면 수출업자는 3개월 후 예정대로 100만 달러 수출대금을 수취하여 선물환계약을 이행하고 13억 5,000만원을 받게 된다. 수출업자는 선물환계약을 통해 3개월 후 자기에게 적용되는 환율을 달러당 1,350원에 고정시키는 효과를 얻게 된다.

수출업자는 통화선물을 이용해서 선물환계약의 경우와 동일한 효과를 거둘 수 있다. 다만 통화선물의 경우 일일정산이 되기 때문에 선물환계약과 위험을 관리하는 과정이 조금 다르다. 앞의 예에서와 같이 현재 환율이 달러당 1,350원이고 선물거래소에서 3개월 만기 달러 통화선물이 1,350원/$에 거래되고 있다고 하자. 수출업자는 3개월 후 환율변동 위험을 회피하기 위해 100만 달러에 달하는 달러 통화선물계약에 매도포지션을 취한다.

수출업자가 우려한 대로 3개월 후 원달러 환율이 1,330원/$로 하락한다고 가정하자. 수출업자는 달러 통화선물에 매도포지션을 취했고 통화선물 가격이 포지션을 취할 때보다 하락했기 때문에 통화선물의 일일정산을 통해 2,000만원(20원×100만)의 이익을 얻는다. 한편 만기에 통화선물의 가격은 현물환율과 동일한 1,330원/$가 되기 때문에 수출업자는 수출대금 100만 달러를 달러당 1,330원에 인도하여 포지션을 마감한다. 결국 수출업자는 100만 달러를 달러 당 1,350원에 매각한 것과 같은 효과를 거두게 된다.

통화옵션

수출업자가 선물환이나 통화선물을 이용하여 환율변동위험을 회피할 경우 미래환율이 현재수준보다 상승하거나 하락하는 것에 관계없이 미래환율을 일정수준으로 고정시키는 효과를 거둘 수 있다. 사후적으로 수출업자는 환율이 하락하면 통화선물이나 선물환으로 환율변동위험을 회피하기를 잘했다고 생각하겠지만 환율이 상승하면 위험회피 거래 때문에 환율상승의 이익을 누릴 수 없게 된다. 물론 통화선물이나 선물환으로 위험회피 거래를 함으로써 환율이 유리하게 변동했을 경우의 이익을 얻지 못하는 것을 일종의 보험료로 생각해야 한다. 하지만 수출업자는 통화선물이나 선물환의 대안으로 환율이 불리하게 변동했을 때 위험을 어느 정도 회피하고 유리하게 변동했을 때 이익을 얻을 수 있는 헤지 방법을 원할 것이다. 통화옵션은 수출업자의 이러한 요구를 충족시킬 수 있다.

앞의 예에서와 같이 현재 원 달러 환율이 1,350원이라고 하자. 수출업자는 3개월 만기가 되는 달러 풋옵션을 100만 달러 매입함으로써 환율변동위험을 회피할 수 있다. 3개월 만기 달러풋옵션의 행사가격이 1,350원이고 옵션가격이 달러당 20원이라고 하자. 수출업자가 우려한대로 만기의 원달러 환율이 행사가격인 1,350원보다 낮아지면 수출업자는 풋옵션을 행사하게 되고 옵션계약에서 이익을 얻는다.

그러나 원 달러 환율이 하락하면 원화표시 수출대금은 감소하게 되고 이는 옵션계약의 이익과 상쇄된다. 풋옵션 구입을 위해 달러당 20원의 옵션 프리미엄을 지불했기 때문에 수출대금은 원화로 환산하면 12억 3천만원이 된다. 한편 원 달러 환율이 1,350원 이상이 되면 수출업자에게는 유리한 상황이다. 수출업자는 풋옵션 계약을 행사하지 않은 상태에서 환율이 상승하는 만큼 이익을 볼 수 있다.

선물환 거래와 통화옵션 거래를 비교하면 선물환 거래에서는 환율변동에 관계없이 이익기회와 손실기회가 모두 봉쇄되어 수출대금의 원화환산금액은 동일하게 되지만 통화옵션 거래에서는 원달러 환율 하락에 의한 손실은 막아주는 한편 환율이 상승할 경우의 이익기회도 놓치지 않게 해준다. 이런 측면을 보면 통화옵션이 선물환계약보다 유리한 것처럼 생각될 수 있지만 반드시 그렇지는 않다. 통화옵션을 통해 위험을 회피하기 위해서는 그 대가로 옵션프리미엄을 지불해야 하지만 선물환 거래의 경우 계약자체에 대한 대가지불은 없기 때문이다.

나. 거래조건을 이용한 관리

수출이나 수입에서 거래적 환위험을 관리하는 수단으로 거래통화, 지불시점을 조정하는 방법이 사용될 수 있다.

거래통화를 선택하는 경우 지불하는 통하는 약세통화로, 지급받는 통화는 강세통화로 선택하면 거래적 환위험에 어느 정도 대응할 수 있다. 여기서 약세통화란 다른 통화에 대한 상대적 가치가 하락하고 있고 앞으로도 계속 하락할 것으로 기대되는 통화를 말하며 강세통화란 상대적 가치가 상승하고 있고 앞으로도 계속 상승할 것으로 기대되는 통화를 말한다. 거래통화 선택에 의한 환위험관리의 효과성은 거래자들 사이의 미래 환율에 대한 전망과 거래자들 간의 협상력에 크게 좌우된다.

거래자들 사이의 미래 환율에 대한 전망이 동일하다면 한쪽 거래자가 약세 혹은 강세통화를 선택하여 거래를 하려고 해도 거래 상대방이 이에 응하지 않을 것이다. 따라서 거래통화 선택에 의한 거래적 환위험 관리는 거래자들 사이의 미래 환율에 대한 전망이 다를 경우 효과적이다. 협상력의 경우 한쪽 거래자가 미래 환율에 대한 전망을 바탕으로 약세통화 혹은 강세통화를 선택하려고 해도 거래 상대방이 협상력의 우위에 있으면 이러한 선택이 받아들여지지 않을 수 있다.

예를 들어 한국기업이 세계시장에서 독점적 위치에 있는 미국기업으로부터 특정 부품을 수입할 수밖에 없다면 원달러 환율이 상승해도 달러를 거래통화로 선택할 수밖에 없을지도 모른다.

거래통화 선택 외에 지불시점을 결정하는 것도 거래적환위험을 관리하는 수단이 될 수 있다. 수입계약에서 계약조건을 결정할 때 강세통화로 대금을 지불해야하는 경우 지불시점을 앞당길 수 있다. 이러한 환위험관리 기법을 리딩(leading)이라고 한다. 반대로 약세통화로 대금을 지불하는 경우 지불시점을 가능한 한 늦출 수 있다. 이와 같은 환위험관리 기법을 래깅(lagging)이라고 한다.

1 2008년 12월말 현재 미국에서의 빅맥 가격은 3.5$. 우리나라에서는 4,500원이고 원달러 환율은 1,300원/$이다. 구매력평가설에 의하면 현재 원달러 환율은 균형상태에서 얼마나 벗어나 있는가?

2 가나다 기업은 오늘 미국에 100만 달러의 자사제품 수출계약을 체결하였다. 대금결제는 3개월 후에 이루어진다. 현재 환율이 1,350원/$, 3개월 선물환율이 1,320원/$이라면 가나다 기업은 향후 달러가치 하락에 따른 손실위험을 제거하기 위해 어떻게 해야 하는가?

3 원달러 현물환율과 6개월 선물환율이 1,350원/$, 1370원/$ 이다. 미국의 연간 무위험이자율은 1%이고 한국의 연간 무위험이자율은 3%이다. 이자율 평가이론이 성립하기 위해서는 어떤 차익거래가 발생할 수 있는가? 6개월 원달러 선물은 얼마가 되어야 이자율평가이론이 성립하는가?

4 환노출은 거래적, 경제적, 그리고 회계적 환노출로 구분할 수 있다. 이들 각각의 차이점을 비교 설명하시오.

〈표 1〉 미래가치요소 $(1+r)^t$

(r: 기간이자율, t: 기간수)

기간	1%	2%	3%	4%	5%	6%	7%	8%	9%
1	1.0100	1.0200	1.0300	1.0400	1.0500	1.0600	1.0700	1.0800	1.0900
2	1.0201	1.0404	1.0609	1.0816	1.1025	1.1236	1.1449	1.1664	1.1881
3	1.0303	1.0612	1.0927	1.1249	1.1576	1.1910	1.2250	1.2597	1.2950
4	1.0406	1.0824	1.1255	1.1699	1.2155	1.2625	1.3108	1.3605	1.4116
5	1.0510	1.1041	1.1593	1.2167	1.2763	1.3382	1.4026	1.4693	1.5386
6	1.0615	1.1262	1.1941	1.2653	1.3401	1.4185	1.5007	1.5869	1.6771
7	1.0721	1.1487	1.2299	1.3159	1.4071	1.5036	1.6058	1.7138	1.8280
8	1.0829	1.1717	1.2668	1.3686	1.4775	1.5938	1.7182	1.8509	1.9926
9	1.0937	1.1951	1.3048	1.4233	1.5513	1.6895	1.8385	1.9990	2.1719
10	1.1046	1.2190	1.3439	1.4802	1.6289	1.7908	1.9672	2.1589	2.3674
11	1.1157	1.2434	1.3842	1.5395	1.7103	1.8983	2.1049	2.3316	2.5804
12	1.1268	1.2682	1.4258	1.6010	1.7959	2.0122	2.2522	2.5182	2.8127
13	1.1381	1.2936	1.4685	1.6651	1.8856	2.1329	2.4098	2.7196	3.0658
14	1.1495	1.3195	1.5126	1.7317	1.9799	2.2609	2.5785	2.9372	3.3417
15	1.1610	1.3459	1.5580	1.8009	2.0789	2.3966	2.7590	3.1722	3.6425
16	1.1726	1.3728	1.6047	1.8730	2.1829	2.5404	2.9522	3.4259	3.9703
17	1.1843	1.4002	1.6528	1.9479	2.2920	2.6928	3.1588	3.7000	4.3276
18	1.1961	1.4282	1.7024	2.0258	2.4066	2.8543	3.3799	3.9960	4.7171
19	1.2081	1.4568	1.7535	2.1068	2.5270	3.0256	3.6165	4.3157	5.1417
20	1.2202	1.4859	1.8061	2.1911	2.6533	3.2071	3.8697	4.6610	5.6044
21	1.2324	1.5157	1.8603	2.2788	2.7860	3.3996	4.1406	5.0338	6.1088
22	1.2447	1.5460	1.9161	2.3699	2.9253	3.6035	4.4304	5.4365	6.6586
23	1.2572	1.5769	1.9736	2.4647	3.0715	3.8197	4.7405	5.8715	7.2579
24	1.2697	1.6084	2.0328	2.5633	3.2251	4.0489	5.0724	6.3412	7.9111
25	1.2824	1.6406	2.0938	2.6658	3.3864	4.2919	5.4274	6.8485	8.6231
30	1.3478	1.8114	2.4273	3.2434	4.3219	5.7435	7.6123	10.063	13.268
40	1.4889	2.2080	3.2620	4.8010	7.0400	10.286	14.974	21.725	31.409
50	1.6446	2.6916	4.3839	7.1067	11.467	18.420	29.457	46.902	74.358

〈표 1〉 계속

기간	10%	12%	14%	15%	16%	18%	20%	24%	28%
1	1.1000	1.1200	1.1400	1.1500	1.1600	1.1800	1.2000	1.2400	1.2800
2	1.2100	1.2544	1.2996	1.3225	1.3456	1.3924	1.4400	1.5376	1.6384
3	1.3310	1.4049	1.4815	1.5209	1.5609	1.6430	1.7280	1.9066	2.0972
4	1.4641	1.5735	1.6890	1.7490	1.8106	1.9388	2.0736	2.3642	2.6844
5	1.6105	1.7623	1.9254	2.0114	2.1003	2.2878	2.4883	2.9316	3.4360
6	1.7716	1.9738	2.1950	2.3131	2.4364	2.6996	2.9860	3.6352	4.3980
7	1.9487	2.2107	2.5023	2.6600	2.8262	3.1855	3.5832	4.5077	5.6295
8	2.1436	2.4760	2.8526	3.0590	3.2784	3.7589	4.2998	5.5895	7.2058
9	2.3579	2.7731	3.2519	3.5179	3.8030	4.4355	5.1598	6.9310	9.2234
10	2.5937	3.1058	3.7072	4.0456	4.4114	5.2338	6.1917	8.5944	11.806
11	2.8531	3.4785	4.2262	4.6524	5.1173	6.1759	7.4301	10.657	15.112
12	3.1384	3.8960	4.8179	5.3503	5.9360	7.2876	8.9161	13.215	19.343
13	3.4523	4.3635	5.4924	6.1528	6.8858	8.5994	10.699	16.386	24.759
14	3.7975	4.8871	6.2613	7.0757	7.9875	10.147	12.839	20.319	31.691
15	4.1772	5.4736	7.1379	8.1371	9.2655	11.974	15.407	25.196	40.565
16	4.5950	6.1304	8.1372	9.3576	10.748	14.129	18.488	31.243	51.923
17	5.0545	6.8660	9.2765	10.761	12.468	16.672	22.186	38.741	66.461
18	5.5599	7.6900	10.575	12.375	14.463	19.673	26.623	48.039	86.071
19	6.1159	8.6128	12.056	14.232	16.777	23.214	31.948	59.568	108.89
20	6.7275	9.6463	13.743	16.367	19.461	27.393	38.338	73.864	139.38
21	7.4002	10.804	15.668	18.822	22.574	32.324	46.005	91.592	178.41
22	8.1403	12.100	17.861	21.645	26.186	38.142	55.206	113.57	228.36
23	8.9543	13.552	20.362	24.891	30.376	45.008	66.247	140.83	292.30
24	9.8497	15.179	23.212	28.625	35.236	53.109	79.497	174.63	374.14
25	10.835	17.000	26.462	32.919	40.874	62.669	95.396	216.54	478.90
30	17.449	29.960	50.950	66.212	85.850	143.37	237.38	634.82	1645.5
40	45.259	93.051	188.88	267.86	378.72	750.38	1469.8	5455.9	19427.
50	117.39	289.00	700.23	1083.7	1670.7	3927.4	9100.4	46890.	*

〈표 2〉 현재가치요소 〈$1/(1+r)^t$〉

(r : 기간이자율, t : 기간수)

기간	1%	2%	3%	4%	5%	6%	7%	8%	9%
1	0.9901	0.9804	0.9709	0.9615	0.9524	0.9434	0.9346	0.9259	0.9174
2	0.9803	0.9612	0.9426	0.9246	0.9070	0.8900	0.8734	0.8573	0.8417
3	0.9706	0.9423	0.9151	0.8890	0.8638	0.8396	0.8163	0.7938	0.7722
4	0.9610	0.9238	0.8885	0.8548	0.8227	0.7921	0.7629	0.7350	0.7084
5	0.9515	0.9057	0.8626	0.8219	0.7835	0.7473	0.7130	0.6806	0.6499
6	0.9420	0.8880	0.8375	0.7903	0.7462	0.7050	0.6663	0.6302	0.5963
7	0.9327	0.8706	0.8131	0.7599	0.7107	0.6651	0.6227	0.5835	0.5470
8	0.9235	0.8535	0.7894	0.7307	0.6768	0.6274	0.5820	0.5403	0.5019
9	0.9143	0.8368	0.7664	0.7026	0.6446	0.5919	0.5439	0.5002	0.4604
10	0.9053	0.8203	0.7441	0.6756	0.6139	0.5584	0.5083	0.4632	0.4224
11	0.8963	0.8043	0.7224	0.6496	0.5847	0.5268	0.4751	0.4289	0.3875
12	0.8874	0.7885	0.7014	0.6246	0.5568	0.4970	0.4440	0.3971	0.3555
13	0.8787	0.7730	0.6810	0.6006	0.5303	0.4688	0.4150	0.3677	0.3262
14	0.8700	0.7579	0.6611	0.5775	0.5051	0.4423	0.3878	0.3405	0.2992
15	0.8613	0.7430	0.6419	0.5553	0.4810	0.4173	0.3624	0.3152	0.2745
16	0.8528	0.7284	0.6232	0.5339	0.4581	0.3936	0.3387	0.2919	0.2519
17	0.8444	0.7142	0.6050	0.5134	0.4363	0.3714	0.3166	0.2703	0.2311
18	0.8360	0.7002	0.5874	0.4936	0.4155	0.3503	0.2959	0.2502	0.2120
19	0.8277	0.6864	0.5703	0.4746	0.3957	0.3305	0.2765	0.2317	0.1945
20	0.8195	0.6730	0.5537	0.4564	0.3769	0.3118	0.2584	0.2145	0.1784
21	0.8114	0.6598	0.5375	0.4388	0.3589	0.2942	0.2415	0.1987	0.1637
22	0.8034	0.6468	0.5219	0.4220	0.3418	0.2775	0.2257	0.1839	0.1502
23	0.7954	0.6342	0.5067	0.4057	0.3256	0.2618	0.2109	0.1703	0.1378
24	0.7876	0.6217	0.4919	0.3901	0.3101	0.2470	0.1971	0.1577	0.1264
25	0.7798	0.6095	0.4776	0.3751	0.2953	0.2330	0.1842	0.1460	0.1160
30	0.7419	0.5521	0.4120	0.3083	0.2314	0.1741	0.1314	0.0994	0.0754
40	0.6717	0.4529	0.3066	0.2083	0.1420	0.0972	0.0668	0.0460	0.0318
50	0.6080	0.3715	0.2281	0.1407	0.0872	0.0543	0.0339	0.0213	0.0134

〈표 2〉 계속

기간	10%	12%	14%	15%	16%	18%	20%	24%	28%
1	0.9091	0.8929	0.8772	0.8696	0.8621	0.8475	0.8333	0.8065	0.7813
2	0.8264	0.7972	0.7695	0.7561	0.7432	0.7182	0.6944	0.6504	0.6104
3	0.7513	0.7118	0.6750	0.6575	0.6407	0.6086	0.5787	0.5245	0.4768
4	0.6830	0.6355	0.5921	0.5718	0.5523	0.5158	0.4823	0.4230	0.3725
5	0.6209	0.5674	0.5194	0.4972	0.4761	0.4371	0.4019	0.3411	0.2910
6	0.5645	0.5066	0.4556	0.4323	0.4104	0.3704	0.3349	0.2751	0.2274
7	0.5132	0.4523	0.3996	0.3759	0.3538	0.3139	0.2791	0.2218	0.1776
8	0.4665	0.4039	0.3506	0.3269	0.3050	0.2660	0.2326	0.1789	0.1388
9	0.4241	0.3606	0.3075	0.2843	0.2630	0.2255	0.1938	0.1443	0.1084
10	0.3855	0.3220	0.2697	0.2472	0.2267	0.1911	0.1615	0.1164	0.0847
11	0.3505	0.2875	0.2366	0.2149	0.1954	0.1619	0.1346	0.0938	0.0662
12	0.3186	0.2567	0.2076	0.1869	0.1685	0.1372	0.1122	0.0757	0.0517
13	0.2897	0.2292	0.1821	0.1625	0.1452	0.1163	0.0935	0.0610	0.0404
14	0.2633	0.2046	0.1597	0.1413	0.1252	0.0985	0.0779	0.0492	0.0316
15	0.2394	0.1827	0.1401	0.1229	0.1079	0.0835	0.0649	0.0397	0.0247
16	0.2176	0.1631	0.1229	0.1069	0.0930	0.0708	0.0541	0.0320	0.0193
17	0.1978	0.1456	0.1078	0.0929	0.0802	0.0600	0.0451	0.0285	0.0150
18	0.1799	0.1300	0.0946	0.0808	0.0691	0.0508	0.0376	0.0208	0.0118
19	0.1635	0.1161	0.0829	0.0703	0.0596	0.0431	0.0313	0.0168	0.0092
20	0.1486	0.1037	0.0728	0.0611	0.0514	0.0365	0.0261	0.0135	0.0072
21	0.1351	0.0926	0.0638	0.0531	0.0443	0.0309	0.0217	0.0109	0.0056
22	0.1228	0.0826	0.0560	0.0462	0.0382	0.0262	0.0181	0.0088	0.0044
23	0.1117	0.0738	0.0491	0.0402	0.0329	0.0222	0.0151	0.0071	0.0034
24	0.1015	0.0659	0.0431	0.0349	0.0284	0.0188	0.0126	0.0057	0.0027
25	0.0923	0.0588	0.0378	0.0304	0.0245	0.0160	0.0105	0.0046	0.0021
30	0.0573	0.0334	0.0196	0.0151	0.0116	0.0070	0.0042	0.0016	0.0006
40	0.0221	0.0107	0.0053	0.0037	0.0026	0.0013	0.0007	0.0002	0.0001
50	0.0085	0.0035	0.0014	0.0009	0.0006	0.0003	0.0001	*	*

〈표 3〉 연금미래가치요소 〈$[(1+r)^t-1] / r$〉

(r : 기간이자율, t : 기간수)

기간	1%	2%	3%	4%	5%	6%	7%	8%	9%
1	1.0000	1.0000	1.0000	1.0000	1.0000	1.0000	1.0000	1.0000	1.0000
2	2.0100	2.0200	2.0300	2.0400	2.0500	2.0600	2.0700	2.0800	2.0900
3	3.0301	3.0604	3.0909	3.1216	3.1525	3.1836	3.2149	3.2464	3.2781
4	4.0604	4.1216	4.1836	4.2465	4.3101	4.3746	4.4399	4.5061	4.5731
5	5.1010	5.2040	5.3091	5.4163	5.5256	5.6371	5.7507	5.8666	5.9847
6	6.1520	6.3081	6.4684	6.6330	6.8019	6.9753	7.1533	7.3359	7.5233
7	7.2135	7.4343	7.6625	7.8983	8.1420	8.3938	8.6540	8.9228	9.2004
8	8.2857	8.5830	8.8932	9.2142	9.5491	9.8975	10.260	10.637	11.028
9	9.3685	9.7546	10.159	10.583	11.027	11.491	11.978	12.488	13.021
10	10.462	10.950	11.464	12.006	12.578	13.181	13.816	14.487	15.193
11	11.567	12.169	12.808	13.486	14.207	14.972	15.784	16.645	17.560
12	12.683	13.412	14.192	15.026	15.917	16.870	17.888	18.977	20.141
13	13.809	14.680	15.618	16.627	17.713	18.882	20.141	21.495	22.953
14	14.947	15.974	17.086	18.292	19.599	21.015	22.550	24.215	26.019
15	16.097	17.293	18.599	20.024	21.579	23.276	25.129	27.152	29.361
16	17.258	18.639	20.157	21.825	23.657	25.673	27.888	30.324	33.003
17	18.430	20.012	21.762	23.698	25.840	28.213	30.840	33.750	36.974
18	19.615	21.412	23.414	25.645	28.132	30.906	33.999	37.450	41.301
19	20.811	22.841	25.117	27.671	30.539	33.760	37.379	41.446	46.018
20	22.019	24.297	26.870	29.778	33.066	36.786	40.995	45.762	51.160
21	23.239	25.783	28.676	31.969	35.719	39.993	44.865	50.423	56.765
22	24.472	27.299	30.537	34.248	38.505	43.392	49.006	55.457	62.873
23	25.716	28.845	32.453	36.618	41.430	46.996	53.436	60.893	69.532
24	26.973	30.422	34.426	39.083	44.502	50.816	58.177	66.765	76.790
25	28.243	32.030	36.459	41.646	47.727	54.865	63.249	73.106	84.701
30	34.785	40.568	47.575	56.085	66.439	79.058	94.461	113.28	136.31
40	48.886	60.402	75.401	95.026	120.80	154.76	199.64	259.06	337.88
50	64.463	84.579	112.80	152.67	209.35	290.34	406.53	573.77	815.08

〈표 3〉 계속

기간	10%	12%	14%	15%	16%	18%	20%	24%	28%
1	1.0000	1.0000	1.0000	1.0000	1.0000	1.0000	1.0000	1.0000	1.0000
2	2.1000	2.1200	2.1400	2.1500	2.1600	2.1800	2.2000	2.2400	2.2800
3	3.3100	3.3744	3.4396	3.4725	3.5056	3.5724	3.6400	3.7776	3.9184
4	4.6410	4.7793	4.9211	4.9934	5.0665	5.2154	5.3680	5.6842	6.0156
5	6.1051	6.3528	6.6101	6.7424	6.8771	7.1542	7.4416	8.0484	8.6999
6	7.7156	8.1152	8.5355	8.7537	8.9775	9.4420	9.9299	10.980	12.136
7	9.4872	10.089	10.730	11.067	11.414	12.142	12.916	14.615	16.534
8	11.436	12.300	13.233	13.727	14.240	15.327	16.499	19.123	22.163
9	13.579	14.776	16.085	16.786	17.519	19.086	20.799	24.712	29.369
10	15.937	17.549	19.337	20.304	21.321	23.521	25.959	31.643	38.593
11	18.531	20.655	23.045	24.349	25.733	28.755	32.150	40.238	50.398
12	21.384	24.133	27.271	29.002	30.850	34.931	39.581	50.895	65.510
13	24.523	28.029	32.089	34.352	36.786	42.219	48.497	64.110	84.853
14	27.975	32.393	37.581	40.505	43.672	50.818	59.196	80.496	109.61
15	31.772	37.280	43.842	47.580	51.660	60.965	72.035	100.82	141.30
16	35.950	42.753	50.980	55.717	60.925	72.939	87.442	126.01	181.87
17	40.545	48.884	59.118	65.075	71.673	87.068	105.93	157.25	233.79
18	45.599	55.750	68.394	75.836	84.141	103.74	128.12	195.99	300.25
19	51.159	64.440	78.969	88.212	98.603	123.41	154.74	244.03	385.32
20	57.275	72.052	91.025	102.44	115.38	146.63	186.69	303.60	494.21
21	64.002	81.699	104.77	118.81	134.84	174.02	225.03	377.46	633.59
22	71.403	92.503	120.44	137.63	157.41	206.34	271.03	469.06	812.00
23	79.543	104.60	138.30	159.28	183.60	244.49	326.24	582.63	1040.4
24	88.497	118.16	158.66	184.17	213.98	289.49	392.48	723.46	1332.7
25	98.347	133.33	181.87	212.79	249.21	342.60	471.98	898.09	1706.8
30	164.49	241.33	359.79	434.75	530.31	790.95	1181.9	2640.9	5873.2
40	442.59	767.09	1342.0	1779.1	2360.8	4163.2	7343.9	22729.	69377.
50	1163.9	2400.0	4994.5	7217.7	10436.	21813.	45497.	*	*

〈표 4〉 연금현재가치요소 〈$[1-1/(1+r)^t]/r$〉

(r : 기간이자율, t : 기간수)

기간	1%	2%	3%	4%	5%	6%	7%	8%	9%
1	0.9901	0.9804	0.9709	0.9615	0.9524	0.9434	0.9346	0.9259	0.9174
2	1.9704	1.9416	1.9135	1.8861	1.8594	1.8334	1.8080	1.7833	1.7591
3	2.9410	2.8839	2.8286	2.7751	2.7232	2.6730	2.6243	2.5771	2.5313
4	3.9020	3.8077	3.7171	3.6299	3.5460	3.4651	3.3872	3.3121	3.2397
5	4.8534	4.7135	4.5797	4.4518	4.3295	4.2124	4.1002	3.9927	3.8897
6	5.7955	5.6014	5.4172	5.2421	5.0757	4.9173	4.7665	4.6229	4.4859
7	6.7282	6.4720	6.2303	6.0021	5.7864	5.5824	5.3893	5.2064	5.0330
8	7.6517	7.3255	7.0197	6.7327	6.4632	6.2098	5.9713	5.7466	5.5348
9	8.5660	8.1622	7.7861	7.4353	7.1078	6.8017	6.5152	6.2469	5.9952
10	9.4713	8.9826	8.5302	8.1109	7.7217	7.3601	7.0236	6.7101	6.4177
11	10.3676	9.7868	9.2526	8.7605	8.3064	7.8869	7.4987	7.1390	6.8052
12	11.2551	10.5753	9.9540	9.3851	8.8633	8.3838	7.9427	7.5361	7.1607
13	12.1337	11.3484	10.6350	9.9856	9.3936	8.8527	8.3577	7.9038	7.4869
14	13.0037	12.1062	11.2961	10.5631	9.8986	9.2950	8.7455	8.2442	7.7862
15	13.8651	12.8493	11.9379	11.1184	10.3797	9.7122	9.1079	8.5595	8.0607
16	14.7179	13.5777	12.5611	11.6523	10.8378	10.1059	9.4466	8.8514	8.3126
17	15.5623	14.2919	13.1661	12.1657	11.2741	10.4773	9.7632	9.1216	8.5436
18	16.3983	14.9920	13.7535	12.6593	11.6896	10.8276	10.0591	9.3719	8.7556
19	17.2260	15.6785	14.3238	13.1339	12.0853	11.1581	10.3356	9.6036	8.9501
20	18.0456	16.3514	14.8775	13.5903	12.4622	11.4699	10.5940	9.8181	9.1285
21	18.8570	17.0112	15.4150	14.0292	12.8212	11.7641	10.8355	10.0168	9.2922
22	19.6604	17.6580	15.9369	14.4511	13.1630	12.0416	11.0612	10.2007	9.4424
23	20.4558	18.2922	16.4436	14.8568	13.4886	12.3034	11.2722	10.3741	9.5802
24	21.2434	18.9139	16.9355	15.2470	13.7986	12.5504	11.4693	10.5288	9.7066
25	22.0232	19.5235	17.4131	15.6221	14.0939	12.7834	11.6536	10.6748	9.8226
30	25.8077	22.3965	19.6004	17.2920	15.3725	13.7648	12.4090	11.2578	10.2737
40	32.8347	27.3555	23.1148	19.7928	17.1591	15.0463	13.3317	11.9246	10.7574
50	39.1961	31.4236	25.7298	21.4822	18.2559	15.7619	13.8007	12.2335	10.9617

〈표 4〉 계속

기간	10%	12%	14%	15%	16%	18%	20%	24%	28%
1	0.9091	0.8929	0.8772	0.8696	0.8621	0.8475	0.8333	0.8065	0.7813
2	1.7355	1.6901	1.6467	1.6257	1.6052	1.5656	1.5278	1.4568	1.3916
3	2.4869	2.4018	2.3216	2.2832	2.2459	2.1743	2.1065	1.9813	1.8684
4	3.1699	3.0373	2.9137	2.8550	2.7982	2.6901	2.5887	2.4043	2.2410
5	3.7908	3.6048	3.4331	3.3522	3.2743	3.1272	2.9906	2.7454	2.5320
6	4.3553	4.1114	3.8887	3.7845	3.6847	3.4976	3.3255	3.0205	2.7594
7	4.8684	4.5638	4.2883	4.1604	4.0386	3.8115	3.6046	3.2423	2.9370
8	5.3349	4.9676	4.6389	4.4873	4.3436	4.0776	3.8372	3.4212	3.0758
9	5.7590	5.3282	4.9464	4.7716	4.6065	4.3030	4.0310	3.5655	3.1842
10	6.1446	5.6502	5.2161	5.0188	4.8332	4.4941	4.1925	3.6819	3.2689
11	6.4951	5.9377	5.4527	5.2337	5.0286	4.6560	4.3271	3.7757	3.3351
12	6.8137	6.1944	5.6603	5.4206	5.1971	4.7932	4.4392	3.8514	3.3868
13	7.1034	6.4235	5.8424	5.5831	5.3423	4.9095	4.5327	3.9124	3.4272
14	7.3667	6.6282	6.0021	5.7245	5.4675	5.0081	4.6106	3.9616	3.4587
15	7.6061	6.8109	6.1422	5.8474	5.5755	5.0916	4.6755	4.0013	3.4834
16	7.8237	6.9740	6.2651	5.9542	5.6685	5.1624	4.7296	4.0333	3.5026
17	8.0216	7.1196	6.3729	6.0472	5.7487	5.2223	4.7746	4.0591	3.5177
18	8.2014	7.2497	6.4674	6.1280	5.8178	5.2732	4.8122	4.0799	3.5294
19	8.3649	7.3658	6.5504	6.1982	5.8775	5.3162	4.8435	4.0967	3.5386
20	8.5136	7.4694	6.6231	6.2593	5.9288	5.3527	4.8696	4.1103	3.5458
21	8.6487	7.5620	6.6870	6.3125	5.9731	5.3837	4.8913	4.1212	3.5514
22	8.7715	7.6446	6.7429	6.3587	6.0113	5.4099	4.9094	4.1300	3.5558
23	8.8832	7.7184	6.7921	6.3988	6.0442	5.4321	4.9245	4.1371	3.5592
24	8.9847	7.7843	6.8351	6.4338	6.0726	5.4509	4.9371	4.1428	3.5619
25	9.0770	7.8431	6.8729	6.4641	6.0971	5.4669	4.9476	4.1474	3.5640
30	9.4269	8.0552	7.0027	6.5660	6.1772	5.5168	4.9789	4.1601	3.5693
40	9.7791	8.2438	7.1050	6.6418	6.2235	5.5482	4.9966	4.1659	3.5712
50	9.9148	8.3045	7.1327	6.6605	6.2463	5.5541	4.9995	4.1666	3.5714

연습문제 풀이

2장

1 EBIT = 1,500 − 550 − 180 = 770
법인세 = (770−1,300 × 0.4 = 256
영업현금흐름 = 770 + 180 − 256 = 694

2 60 − (1,700 − 1,500) = −140

3 800 − 2,000 = −1,200

4 1) 5,350 − 2,800 = 2,550
5,600 − 3,400 = 2,200
2) 400 − 550 = −150
3) 4,400 + 2,000 − x −1,500 = 4,600
x = 300
4) 5,520 − (−150) − 1,700 = 3,970

5 1) 17억 + 3억 −2.5억 = 17.5억
2) 7억 + 4억 = 11억
3) 3억 − 2억 = 1억
4) 17.5억 − 2억 − c = 11억 + 1억
x = 3.5억

3장

2 x × 연금의 현재가치 (1%, 36) = 1,800만원

3 $(1 + 0.03)^4 - 1$

5 150 / 0.1 = 1,500
$1,500 / (1 + 0.1)^{10}$

8 첫째방법의 가치 = 300 × 연금의 현재가치(1%, 36)
두 번째 방법의 가치 = 100 + 200 연금의 현재가치 (1%, 36)

9 첫 번째 방법 = 150만 / 0.1 = 1,500만
두 번째 방법 = 2,000만원

10 2년 후의 가치 = 200 / 0.01 = 2억
현재가치 = 2억 / $(1+0.1)^2$

12 월 상환액 = 3,360 / 12 = 280
$3,000 = 280(1-(1+r)^{-12}) / r$
$EAR = (1+r)^{12} - 1$

4장

1 93만 = 6만/(1+r) + 6만/$(1+r)^2$ + … + 6만/$(1+r)^8$ +100만/$(1+r)^8$
이 식에서 r을 구하면 됨.

2 98만 = x / (1+0.0375) + x / $(1+0.0375)^2$ + … + (x+100만) / $(1+0.0375)^{20}$
이 식에서 x를 구한 다음 액면이자율 = 2x / 100

3 $P = 250 / (1+0.02) + 250 / (1+0.02)^2 + \ldots + 250 / (1+0.02)^{12} + 10,000 / (1+0.02)^{12}$

4 $P = 3,000(1+0.05) / (0.08-0.05)$

5 $9,000 = x \times (1+0.05) / (0.1-0.05)$에서 x를 구함

6 25,000 = 2,000 / r 에서 r을 구함.

5장

3 투자 안은 다음과 같은 현금흐름을 갖는다. 이를 바탕으로 할인율 4%를 적용하면 NPV를 구할 수 있다.

시점	0	1	2	3	4	5
현금흐름	− 5,300만	1,000만	1,000만	1,000만	1,000만	1,600만

4 1) 1,000만원

2)

시점	1	2	3
현금흐름	200만	200만	510만

6장

4 위험보상비율

A = (15−6) / 1.2 = 7.5

B = (7−6) / 0.6 = 1.6

B는 과대평가 A는 과소평가

5 0.2 × 0.8 + x × 1.5 + (1−0.2×x) × 0 =1

x = 0.84 / 0.15 = 5.6

6 x × 0.2 + y × 0.15 + (1−x−y) × 5 = 15

x × 1.2 + y × 1.4 = 1.5

에서 x와 y를 구함

8 (14−x) / 1.5 = (9−x) / 0.9 에서 x를 구함

7장

1 $3 + 7 \times 1.3 = 12.1$

혹은

$530 / 10{,}000 + 6\% = 11.3$

2 신규 사업의 자본비용 과 기대 수익률

A = 8.5 ＜ 10

B = 11.3 ＞ 11

C = 17.6 ＜ 17

기대수익률이 자본비용보다 높은 A를 채택

3 $4.925 / (4.925+5+1.5) \times 6.15 + 5/(4.925+5+1.5) \times 13 + 1.5 / (4.925+5+1.5) \times 10$

4 $6 + 1.5 \times (10-6) = 12\%$

5 $10{,}800 = 300 / (1+r) + 300/(1+r)^2 + \ldots + 300 / (1+r)^{20} + 10{,}000 / (1+r)^{20}$

만기수익률 = $2 \times r$

세전부채비용 = $2 \times r$

세후부채비용 = $2 \times r(1-0.4)$

8장

3 $10 = 0.7 \times 8 \times (1-0.4) + 0.3 \times x$

6 회사전체의 자본비용 = $2/3 \times 6 + 1/3 \times 12 = 8$

부채/자기자본 이 300%일 때

자기자본비용 = $8 + (8-6) \times 3 = 14\%$

7 자기자본비용 = $14 + (14-8) \times 2 = 26\%$

9장

3 1) 50,000 = 5,000

2) 50,000 × 500/600 = 41,666

3) 변함 없음

4 현금배당 : 주가 = 8,000만/ 10,000 = 8,000원

주식 수 = 10,000주

주주가치 = 8,000원 + 2,000원 = 10,000

자사주 매입 : 주가 = 8000만/ 8,000 = 10,000원

주식 수 = 8,000주

주주가치 = 10,000

10장

1 균형환율 = 4,500 / 3.5 =1,288

달러가 균형환율보다 12원 고평가되어 있다.

2 3개월 선물환 매도계약 체결

3 a) (1,370−1,350) / 1,350 〈 0.03 − 0.01

차익거래 : 미국달러를 차입해서 원화로 환전한 다음 우리나라 채권에 투자.

b) 6개월 선물환이 1,377원/$면 이자율 평가이론 성립.

찾아보기

| 저자소개 |

진 태 홍(陳泰弘)

서울대학교 경영대학 경영학과 졸업
한국과학원 산업공학과 졸업
University of Texas at Austin 경영학 박사(재무관리 전공)
홍익대학교 상경대학 교수 역임

논문 및 저서

증권결제제도의 발전방향, 한국증권학회, 2001.
글로벌시대의 한국금융 : 금융그룹화의 영향과 과제, 한국은행, 2003.
알기 쉬운 국제재무, 공저, 신론사, 2008. 2.
알기 쉬운 금융위험관리, 신론사, 2011. 9.
"기업출자의 효율성에 관한 실증연구", 「재무연구」, 2003. 12.
"상호지급보증과 재벌의 내부자본시장", 「금융학회지」, 2001. 12.

개정판
알기 쉬운 재무관리 값16,000원

2009년 9월 8일 초판발행
2011년 2월 11일 초판2쇄
2013년 8월 30일 초판3쇄
2015년 8월 30일 초판4쇄
2021년 2월 17일 개정판 1쇄

지은이 진 태 홍
발행인 김 혜 숙
발행처 **새문사**
등록번호 제2018-000259호(1977. 9. 19)

주소 : 서울시 서초구 강남대로 309, 코리아비지니스센터 1715호
전화 : (02)715-7232 Fax : (02)715-7235
E-mail : hmgbp@hanmail.net
website : www.saemoonbook.com
ISBN : 978-89-7411-536-4 93320